All Voices from the Island

島嶼湧現的聲音

致富的特權

二十年來我們為央行政策付出的代價

陳虹宇·吳聰敏·李怡庭·陳旭昇

春山出版

春山之聲 026

致富的特權:
二十年來我們為央行政策付出的代價

作者	陳虹宇 · 吳聰敏 · 李怡庭 · 陳旭昇
總編輯	莊瑞琳
責任編輯	吳崢鴻
行銷企劃	甘彩蓉
業務	尹子麟
封面設計	查理陳
內文排版	吳聰敏
法律顧問	鵬耀法律事務所戴智權律師
出版	春山出版有限公司
	地址　11670 臺北市文山區羅斯福路六段 297 號 10 樓
	電話　02-2931-8171
	傳真　02-86638233
總經銷	時報文化出版企業股份有限公司
	地址　33343 桃園市龜山區萬壽路二段 351 號
	電話　02-2306-6842
製版	瑞豐電腦製版印刷股份有限公司
印刷	搖籃本文化事業有限公司

初版一刷 2021 年 4 月 1 日
初版十一刷 2024 年 7 月 19 日
ISBN 978-986-06337-3-3（紙本）
　　　978-986-06337-2-6（PDF）
　　　978-986-06337-1-9（EPUB）
定價 380 元

填寫本書線上回函

Email　　　SpringHillPublishing@gmail.com
Facebook　www.facebook.com/springhillpublishing/

致富的特權: 二十年來我們為央行政策付出的代價 /
陳虹宇 · 吳聰敏 · 李怡庭 · 陳旭昇–
– 初版. – 臺北市: 春山出版, 2021.04
面: 公分. – (春山之聲; 26)
ISBN 978-986-06337-3-3 (平裝)
1. 中央銀行 2. 匯率政策 3. 貨幣政策 4. 臺灣
563.2933

目錄

推薦序

陳南光

中央銀行副總裁

臺大經濟學系教授

1929年美國股市崩盤到1930年代初的銀行恐慌期間, 對於美國聯邦準備理事會 (Fed) 面對這變局的決策及其後續影響, 多年來相關研究已汗牛充棟; 然而, 至今仍不時有新的研究出爐, 希望從中汲取教訓。因為我們知道, 一國央行的貨幣政策對於當下的經濟金融情勢, 甚至該國長期的經濟結構與成長, 均有重大的影響。當人們對 90 年前 Fed 的政策仍持續探究不輟, 對於過去 20 年我國央行貨幣政策如何形塑今日臺灣的經濟金融現況, 我們豈不應更加用心探索? 然而, 由於一些因素, 有關我國央行貨幣政策的討論, 不管是專業期刊上發表的研究, 或是針對一般大眾的評論, 卻遠不及其他公共政策議題。我們只能偶爾在專業期刊或報章雜誌上看到一些與央行相關的議題, 像是低利率與高房價的關係、匯率阻升不阻貶現象、外匯存底累積與盈餘繳庫過高等, 而其中一些議題即是由本書作者首先提出來討論。

我想本書最重要的特色, 是把這些曾被提出的議題有機地串連起來, 探討他們之間的關聯, 以及背後共同的驅動力量。作者們從臺灣央行的利率政策與匯率政策談起, 然後勾勒出這雙率政策與

外匯存底累積以及央行盈餘繳庫之間的交互作用。更重要的是,他們深入分析過去 20 年央行這些政策對臺灣房價、產業生產力、經濟成長、財富分配等帶來的深遠影響。最後,作者們也提出我國央行制度上的改革方向。

進行制度上的改革,就必須能辨識問題的來源,並進行深入研究。除了借助學界的力量,央行本身也應負起責任。從這角度來看,央行應是一個介於政府機構與研究單位的綜合體,不僅組織與運作上應更加靈活有彈性,在面臨新的總體金融與經濟情勢挑戰時,有發現問題、尋求可能的解決方案並自我調整的能力。主要國家的央行在面臨國際經濟與金融情勢的鉅變時,總會大膽地調整政策目標、啟用新的貨幣政策工具、或重新思考貨幣政策架構,必要時進行組織結構的大幅變革。要能做到這點,央行必須有扎實的研究團隊與更具彈性的組織架構與人力配置,以及應對制度變革與制定長遠計畫的能力,才能因應未來各種挑戰。

本書作者之一陳虹宇小姐是臺大經濟系畢業生,參與寫作的其他三位作者是臺大經濟系教授,其中吳聰敏老師是前央行理事,李怡庭與陳旭昇老師是現任理事。對於過去 20 年央行政策對臺灣經濟金融長期發展帶來的負面效應,本書充分反映他們的憂慮,以及對未來央行改革的深切期望。期待央行以開闊的胸襟,有面對質疑的勇氣,並對提出的問題進行更深入的研究。前日本央行總裁白川方明在 2019 年來臺訪問,在臺大的一場座談中,他臚列央行之所以成為央行的重要特質,位居首位的是「尊重研究」。期盼「尊重研究」也能成為我國央行的一項重要特質。最後,希望本書除了激發社會對於央行貨幣政策與制度更廣泛討論,提升大眾對於這

方面議題的興趣與瞭解，也能吸引更多年輕一代學子投入總體與
貨幣經濟學的研究領域。

序言

在一個民主法治的社會裡，中央銀行執行其貨幣政策時，有著法律與制度上的指引與規範。在不逾越法律與制度的規範下，有一些央行總裁在任內所主導的貨幣政策就有強烈的個人風格。舉例來說，美國的央行在過去就有以鷹派作風強力對抗通貨膨脹的「伏克爾時期」(Volcker era)，以及強調金融市場自由化與長期寬鬆貨幣環境的「葛林斯潘時期」(Greenspan era)。

對於貨幣政策的決策過程，不同的央行總裁也有不一樣的做法。葛林斯潘的非學者背景，讓他傾向於依靠自己對於市場數據的直覺做決策，相反地，學者出身的柏南克與葉倫，在其「柏南克–葉倫時期」(Bernanke–Yellen era)，就相當重視經濟理論與實證研究對於貨幣政策決策之幫助，也相當仰賴央行研究人員所提供的經濟預測。此外，對於央行貨幣政策的透明度，也是因人而異。葛林斯潘刻意模糊其政策走向，他的名言就是：「如果你們自認清楚理解我的談話內容，那麼你們肯定是有所誤解了。」(If I seem unduly clear to you, you must have misunderstood what I said.) 反之，「柏南克–葉倫時期」則是大力改善央行貨幣政策的透明度與可究責性。

臺灣從1980年代開始，也可以依照央行總裁的貨幣政策及其行事風格分成「謝森中時期」(1989–1994)，「梁國樹–許遠東時期」(1994–1998)，以及「彭淮南時期」(1998–2018)。其中，彭淮南擔任總裁的時間最長，貨幣政策最具個人特色，對於臺灣經濟的影響也

最為深遠。因此,「彭淮南時期」也是最值得深入探究的一段期間。到底臺灣從1998年開始,這二十年來貨幣與匯率政策的樣貌如何,以及其影響為何? 此外,我們最感興趣的,就是什麼樣的機制與制度型塑出這樣的貨幣政策? 我們對這些議題深感好奇。

一如拜能 (Bynum, 2012) 所述:「在你豐衣足食之前,你首先要知道做什麼跟怎麼做,而毋須知道為何有的果實有毒,而有的植物可以食用。你也不必為了太陽每天日升夜落這種司空見慣的事做出解釋。然而,人們不只滿足於知道做什麼跟怎麼做,還對背後運作的機制充滿好奇,而這種好奇心正是科學的核心。」

同理,雖然我們受到央行貨幣政策與匯率政策的影響,但是我們不必瞭解貨幣政策的樣貌及其影響,也不必探究背後的機制與制度,依然可以過著每一天的經濟生活。但是如果你跟我們一樣,對於這些議題存在著好奇心,我們希望這本書能夠為大家提供一個思考與論辯的起點。

臺灣近來在許多公共政策議題上都有廣泛而深入的探討,然而,近二十年來對於貨幣與匯率政策的討論卻相對地不足,原因之一,恐怕也與臺灣央行在「彭淮南時期」單向式地說教,毫無討論空間與打壓不同意見的作風有關。

舉例來說,央行干預外匯市場最常見的說詞是:「臺灣是小型開放經濟體,匯率穩定有助廠商對外報價,當資金大量匯入,使市場有失序疑慮時,央行會本於職責,進場維持新臺幣匯率的相對穩定。」這樣的說法,看似言之成理,但是細究一下,央行的匯率政策任務不該只是為了因應「廠商對外報價」而已。「廠商對外報價」的困擾可透過市場上的金融工具從事避險,央行匯率政策的任務應

該著眼在臺灣的金融市場穩定。真正重要的問題是，匯率波動是否會影響臺灣的金融市場或是實質經濟？

事實上，這是一個可以透過經濟研究 (無論是理論或實證) 來回答的問題。因此，我們期待央行的是，在實施其穩定匯率的政策之前，能夠提供相關的研究成果，讓大眾得以就其研究的具體內容檢視，質疑與論辯，進而說服大家，穩定匯率政策是一個值得施行的政策。公共政策只有在不斷地溝通與討論中，才得以凝聚共識並促進大眾的福祉。然而，遺憾的是，即使到了 2021 年，央行在臉書上的貼文依然只有：「同舟共濟穩定匯市大家一起來」，或是「匯率的穩定對大家都好」諸如此類空洞教條式的說法。所謂的「對大家都好」，正是理盲且缺乏思辨的極致表現。

我們再來看另一個例子。臺灣自 2001 年以來的低利率環境，形成了房價上漲的溫床。2020 年為了因應肺炎疫情，中央銀行再次調降利率，導致更為寬鬆的貨幣環境，使得房市泡沫化的隱憂，再度浮現。

央行在 2010 年曾數度採行緊縮的「選擇性信用管制」，然而，央行對於當時採取選擇性信用管制的主要考量因素，從未提供明確的說明。根據央行的說法，考量的理由為：(1) 全體銀行房貸集中度高達 38.3%，[1] (2) 大臺北新增房貸及房價漲幅較明顯，(3) 使銀行對大臺北投資客房貸自律規範具一致性。但問題是，38.3% 這個臨界值是如何決定？「漲幅較明顯」的明顯又是如何定義？投資客定義不明確且投資客比例要多高才認定市場有炒作現象？央行對此毫無明確說明。

---

[1] 房貸集中度係指銀行承作不動產放款占整體放款比重。

　　此外, 央行宣稱其採行「規範高價住宅貸款」, 主要考量因素之一為銀行對高價住宅貸款有成數偏高及利率偏低現象。但是如何判斷是否偏高或偏低, 央行對此亦無明確說明。

　　央行在2020年10月到12月之間, 對於穩定房價的政策上出現方向大轉彎。總裁楊金龍在10月15日立法院答詢時, 並不支持實施選擇性信用管制, 卻忽然在12月7日舉行臨時記者會, 宣布對臺灣房市的信用管制措施, 完全出乎市場預期, 也體現了民眾無法掌握央行政策實施的明確依據。

　　讓外界瞭解央行政策實施的依據, 是央行責無旁貸的任務之一, 事實上, 由於房地產市場攸關金融穩定, 央行應該透過嚴謹的研究, 嘗試建構包括房價變動、不動產放款集中度、貸款負擔率與房價所得比等房市景氣判斷指標群, 以做為決策的憑藉。

　　本書作者在經濟學的研究中各有不同的研究興趣, 遍及臺灣經濟史, 總體與貨幣經濟理論, 以及國際金融。然而, 我們都有一個相同的興趣: 臺灣貨幣與匯率政策的影響及其背後的機制與制度。我們與臺大經濟系畢業的陳虹宇小姐合作寫出這本書, 不可避免的, 我們對於臺灣貨幣與匯率政策持有一些自己的想法, 但是也深知這不是唯一看法, 甚至未必是斷然正確的看法。

　　所謂「盡信書, 不如無書」, 但若無書, 就沒有機會讓更多的人一起參與貨幣與匯率政策的討論與思考。因此, 寫這本書的目的就是希望讓大家在討論相關政策時能夠有所參考, 也期待這本書能夠成為臺灣貨幣與匯率政策思辨的起點。

　　本書寫作過程中, 有金融界的人士接受我們訪問, 也有一些朋友惠賜評論與建議。雖然他們不一定同意本書的觀點, 但對於我

序言

們很有幫助。我們特別要感謝林啟超先生的熱心與專業意見，也感謝李晨心研究助理的協助。

　　本書自 2021 年 4 月 6 日付梓以來，獲得讀者廣大的回響，我們相當感激大家的鼓勵與指教。值得一提的是，本書說明高房價可能與低利率有關，書中卻從未建議要透過提高利率來抑制房價。若干評論將我們的分析扭曲簡化成「低利率與高房價有關，就表示作者主張要採大幅提高利率抑制房價」，這讓我們無言以對。我們希望他們有空的話，再讀一遍。

陳虹宇·吳聰敏·李怡庭·陳旭昇

2021 年 12 月

　　李怡庭與陳旭昇為央行第 20 屆理事會現任理事，本書內容純屬作者個人觀點，不代表央行立場。

1

什麼是央行?

臺灣政府內, 最有權勢與影響力的機構是哪一個?

這得看你是站在哪個領域、什麼立場來回答這個問題。

大多數人可能會認為總統權力最大, 但依據憲法, 我國內政方面的最高長官是行政院長, 而行政院長施政上受到立法院的監督與限制; 司法院的大法官會議, 則有牽制立法院的權力, 能在人民申請釋憲案後解釋法律, 例如臺灣在2019年通過同性婚姻法案, 便是因大法官會議宣告, 若兩年內沒有修法或立法將同性婚姻納入法律, 則同性別二人可直接依照民法相關規定登記結婚。

不過, 若你去問一個金融業者, 哪個機構對臺灣經濟的影響力最大, 他的回答很可能是「中央銀行」(以下簡稱央行)。

主要原因有兩個: 一是央行能決定匯率、利率等貨幣政策, 而這些政策的操作具有高度專業性, 近二十年來, 臺灣行政與立法機關都很少干涉央行對於利率與匯率的決策, 使得央行確實主宰了貨幣政策決策權; 二是央行政策影響金融體系, 而金融部門的興衰又跟經濟活動緊密相連。

央行為什麼能對臺灣經濟產生重大影響? 主管臺灣經濟發展的難道不是經濟部嗎? 經濟部雖然掌管水、電、產業政策等經濟發

展相關的部門, 不過在施政上, 仍需要跟財政部協調預算, 重大法案也需要經過立法院同意才能施行; 相較之下, 央行可以獨立推出貨幣政策, 且決策後可立即施行, 直接影響匯率與利率, 今天公布利率要下調, 隔天銀行存放款利率與金融市場的各種利率, 便會立即向下調整, 進而對經濟產生影響。

對於許多民眾來說, 央行一直是神祕的存在。它擁有影響臺灣經濟的極大權力, 但是它到底在做什麼、怎麼影響著我們, 大部分人恐怕一時也說不清楚, 講不明白。

或許臺灣央行也不算是個特例, 1987 年美國的暢銷書《殿堂的祕密: 聯準會如何治理美國》(Secrets of the Temple: How the Federal Reserve Runs the Country) 中便提到,「某方面來說, 聯準會比 CIA 更神祕, 權勢卻比國會或總統更大。」

世界各國都有中央銀行, 用的名稱不大一樣, 功用與職責卻都大同小異。例如美國的中央銀行稱為聯邦準備體系, 負責決策的是聯邦準備理事會, 簡稱聯準會; 英國的中央銀行稱為英格蘭銀行; 中國的中央銀行叫作中國人民銀行; 而現代央行的鼻祖位在瑞典, 稱為瑞典國家銀行。

從三十年前的暢銷書便可知道, 央行雖然握有重大權力與影響力, 卻也往往罩上神祕面紗, 讓人不清楚它到底對我們的生活有什麼影響。在此, 我們試著為大家揭開臺灣央行一直以來罩著的神祕面紗。

央行與貨幣

提到「央行」, 你腦內浮現的是什麼?

可能是我國央行位在臺北中正紀念堂旁邊的宏偉建築, 可能是在臺灣當過二十年央行總裁、被媒體讚譽為「14A 總裁」的彭淮南, 可能是「聽說央行有很多黃金」。

多數執政首長會因為政黨輪替而下臺, 不過臺灣民主化後, 沒有一個部會首長的任期, 比得上前任央行總裁彭淮南。他的任期經歷了李登輝、陳水扁、馬英九、蔡英文四任政府, 前後長達整整二十年。另外, 我國央行確實擁有很多黃金, 存放在新北市新店的文園金庫, 其中一塊黃金則出借到金瓜石的黃金博物館供民眾參觀。不過, 黃金占央行的總資產, 不到 1%。[1] 臺灣央行最主要的資產, 其實是外匯存底。

截至 2020 年底為止, 臺灣的外匯存底, 高達 5,299 億美元, 大約是 15.1 兆新臺幣, 占央行總資產的 85%, 是央行手中握有的外國貨幣與海外資產。臺灣外匯存底的金額世界排名第六, 僅次於中國、日本、瑞士、俄羅斯與印度。

另外, 央行的影響力充斥在我們日常生活, 我們每天使用的貨幣, 如紙鈔、硬幣, 便是由央行發行, 每一張紙鈔上, 都印有「中央銀行」及隸屬央行的「中央印製廠」字樣。

每一張新臺幣上印著「中央銀行」, 其實正彰顯著央行的巨大影響力。中央銀行是臺灣境內唯一能合法發行貨幣的機構, 也就

---

[1] 此為帳面價值, 亦即黃金當年買入的價格, 若以現行市場價計算, 黃金價值約占央行總資產的 3.5%。

是說,它能決定要多發行一些貨幣流入經濟體中,或從經濟體中回收部分鈔票,影響總體經濟的資金多寡。

貨幣是我們日常生活中用以交易的媒介。遠古時期,當我們想跟他人進行交易時,通常是透過以物易物的形式,例如兩袋米換一隻雞、一隻豬換三雙鞋子。但若今天我家種米、需要衣服,製衣商卻說他只缺雞不缺米呢? 我還得先找養雞戶以米換雞,既費時又麻煩。於是,世界上大部分的文明,皆不約而同地發展出貨幣。有的地方使用貝殼、有的地方使用金、銀,我今天要買鞋子,就可以把米換成貝殼,再用貝殼去買鞋; 米也能換成貝殼長久保存,不用擔心米發霉後就難以跟人交換貨品。

清帝國時期,人們慣以銀兩做交易,同時以銅錢做為輔幣; 羅馬、波斯等古帝國,則鑄造自己的金幣、銀幣。不過,到了今天,世界各國都以紙幣或是電子型態的貨幣交易。金幣和銀幣以貴重金屬製成,本身就擁有價值,且難以無限鑄造; 但構成紙幣的紙張,本身卻沒有什麼價值,製造成本非常低,人們之所以能拿央行所發行的紙幣做交易,主要是源自於「信任」—— 信任央行賦予手上紙鈔價值,100元新臺幣可以在臺北買到一頓中餐、或3,000美元能在矽谷租一間套房。

我們「信任」的是什麼? 由於貨幣是由中央銀行發行,我們信任的,其實就是中央銀行。而紙幣這種因為「信任」而有價值的貨幣,並且被賦予「法償貨幣」(legal tender) 的地位,就被稱為法定貨幣,簡稱法幣。

中央銀行的重要任務之一,就是負責印鈔票。其實光憑這項業務,就能對我們的生活產生重大影響。你或許會覺得,印鈔票有什

麼了不起? 我們不妨來看看, 當央行「不好好印鈔票」時, 會發生什麼事。

惡性通貨膨脹

1945 年 8 月, 日本戰敗, 二次世界大戰正式結束, 臺灣由中華民國政府接管, 也開始了近一百年來, 臺灣最動盪的五年。

　　1945 至 1950 年間, 臺灣經歷了美軍轟炸、戰爭結束、政權移轉, 然後大量大陸居民來臺。本省人與外省人發生種種衝突, 加上新政府治理不力, 最終發生 228 事件, 隨後, 國民黨政府在內戰失利後遷居來臺, 與中華人民共和國隔海對峙。但當時的動盪除了上述的政治事件外, 經濟的變化也同樣劇烈, 尤其是在物價變動上。

　　1945 年初至 1950 年底, 臺灣經歷了惡性通貨膨脹, 六年間, 物價上漲了21.8萬倍之多。[2] 我們現在使用的貨幣, 名稱是「新臺幣」, 之所以有個「新」字, 是因為 1949 年, 流通的紙鈔面額已太高, 政府甚至印出了面額100萬元的鈔票。為了穩定物價, 政府發行新的貨幣, 面額也給予調整, 以四萬元舊臺幣兌換一元新臺幣。

　　翻閱舊報紙, 從蓬萊米的價格, 便可看出物價上漲的情況有多嚴重。1948 年 2 月 1 日,《公論報》報導, 蓬萊白米一斤價格是63元, 到了月底, 已經漲為91元; 而到了隔年 1949 年的 1 月 5 日, 蓬萊米一斤的價格已經漲破了1100元。「物價持續上漲」以及「政府應努力維持物價」的相關報導與社論, 也成了這六年間, 報紙版面上歷久不衰的主題。

---

[2]根據躉售物價指數, 參見吳聰敏與高櫻芬 (1991)。

臺灣的物價在那幾年飛漲得如此厲害,最直接的原因,就是因為當時身兼央行功能的臺灣銀行,印了過多鈔票支應政府支出。

1945年,日本還在打第二次世界大戰,終戰後,則是中國陷入國共內戰,1945年至1950年這段期間,無論是日本政府或國民黨政府,都要求臺灣銀行透過大規模印鈔,支應政府支出。當政府印了新的鈔票,發給公務員與軍人薪水、或購買物資運往海外支應戰爭所需,都會造成市場上的新鈔票增加,當過多的貨幣追逐有限的商品,就會導致物價上漲。物價上漲後,若政府依然使用印鈔票的方式來解決財政支出問題,便需要印更大數額的鈔票才能購買一樣多的物品,這些新鈔流入市場後,又造成物價進一步上漲。如此惡性循環,最終造成嚴重通貨膨脹。

層出不窮的惡性通膨

當一國短期內經歷物價持續上漲,貨幣也大規模貶值,我們會稱這個經濟體已陷入「惡性通貨膨脹」。

近代歷史上,惡性通貨膨脹的事件層出不窮。最近的一次發生在委內瑞拉,從2016年持續至本書完稿的2021年1月。在過去,委內瑞拉曾經是南美洲最富裕的國家之一,委內瑞拉的經濟仰賴石油生產,政府運用石油賺得的資金,提供國民免費學校、免費診所等社會福利政策。不過,2014年6月後,世界石油價格大幅下滑,委內瑞拉政府收入不再豐厚,卻未對社福政策作出相應改革,反而用印鈔票的方式填補財政漏洞,導致委內瑞拉的通膨率開始爆衝。

衡量一國的通貨膨脹有多嚴重時,除了物價上漲率,我們還可以觀察該國貨幣兌換美元的匯率變化,藉以看出惡化的情形有多

嚴重。通貨膨漲的起因，多是由於政府發行過多貨幣，導致貨品價格上漲。例如，一袋米原本的價格是10委內瑞拉幣，但由於政府多印了一倍的鈔票，米的價格漲到了20委內瑞拉幣。但同樣一件產品，對於沒有經歷大幅印鈔的外國貨幣來說，價格應該是一樣的，一袋米依然價值1美元。所以，原本10委內瑞拉幣可以換到1美元，在政府濫發貨幣後，就變成20委幣才能換到1美元，這時，我們可以說委內瑞拉幣歷經了貶值，也就是委內瑞拉幣的價值變小了。

2012年8月，1美元可以換到10委內瑞拉幣，到了2018年8月，1美元已經可以換到590萬委內瑞拉幣。委內瑞拉政府在2018年8月實施大鈔換小鈔，讓10萬舊委內瑞拉幣折合1新委內瑞拉幣，2018年8月底，1美元能換到60新委內瑞拉幣。不過單純換新鈔並不能解決通膨問題，委內瑞拉幣依然瘋狂貶值，到了2020年6月，1美元大概能換到24萬新委內瑞拉幣。

根據國際貨幣基金組織的估計，委內瑞拉2018年的通貨膨脹率是929,790%，也就是物價上漲了9千多倍，相比之下臺灣2018年的通膨率則是1.35%，物價整體只上漲了不到2%，兩者相差68萬倍。

另一個時間上也離我們很近的惡性通貨膨脹案例，發生在2007年至2009年的辛巴威。期間，辛巴威政府曾發行面額100兆的辛巴威幣，也就是說，1的後面有14個0，是當時世界上擁有「最多0」面額的紙鈔，人們完全對辛巴威幣失去了信心，改用以物易物，或用其他國家的貨幣。2009年，辛巴威政府停止發行辛巴威幣，整個國家以外幣(如美元)做為交易貨幣，才停止了這場惡性通膨。

其他著名的惡性通膨事件，包含1923年的德國。德國第一次

世界大戰戰敗後, 需要負擔大量賠款, 德國政府無力償還, 只能以印製大量鈔票的方式來賠款與支應政府營運, 結果造成嚴重的通貨膨脹。美元兌德國馬克的匯率, 1919 年是 1:48, 到了 1923 年 11 月則是 1:4.2 × 10^{12} (4.2 兆)。

1946 年的匈牙利, 則是經歷目前歷史上程度最嚴重的通膨。當時匈牙利在二戰的摧殘下, 國內百廢待舉, 政府決定印鈔來刺激經濟, 甚至以印鈔來雇用國內大批勞工, 結果通膨一發不可收拾。通膨最嚴重時, 匈牙利的貨品價格 15 個小時內就能翻倍, 相較於 1945 年的臺灣, 價格要 15.1 天才會翻倍。匈牙利政府最後發行了一垓 (音同「該」, 10 的 20 次方, 相當於一兆乘上一億) 幣值的紙幣, 至今依然是面額最大紙鈔的世界紀錄保持者, 實際上的價值, 大概可以購買一頂帽子。

惡性通膨的成因

綜觀歷史上各次惡性通貨膨脹的發生背景, 我們可以看到, 惡性通膨的直接因素, 都是由於國家財政入不敷出, 政府選擇使用「多印鈔票」來挹注財政支出, 也就是印紙鈔來支付公務員、軍人的薪資, 或購買食物、軍備、醫療服務等物資。至於遠因則不大相同, 例如臺灣、德國、匈牙利是因為戰後物資缺乏, 加上政府用印鈔票來彌補財政赤字; 辛巴威是因為農業歉收、經濟衰退, 委內瑞拉則是石油價格下跌, 導致政府收入無法維持。

惡性通膨發生時, 物價上漲的速度可能是以小時計, 所以許多勞工領到薪資後, 第一件事便是趕快跑去購物, 將紙鈔換為實質貨品, 因為如果晚去了幾個小時, 同樣的紙鈔能交換到的貨品便會更

少。最後, 紙鈔會幾乎失去使用價值, 原本的存款也幾乎歸零, 人們可能恢復以物易物交易, 或是使用外幣來交易。如此劇烈的惡性通膨並不真的常發生, 通常是戰爭、極端天然災害, 才會使得通貨膨脹達到離譜的地步。

不過, 當今世界上各國間, 高通貨膨脹依然常見。許多國家 —— 尤其是開發中國家的政府, 常常印製過多鈔票支應財政, 導致經濟體長期處於高度通貨膨脹。畢竟跟增加稅收相比, 印鈔票在政治上受到的阻力較小。當政府宣布要加稅時, 民眾可能會激烈反對, 但民眾很難清楚知道, 政府到底印了多少鈔票。另一方面, 如先前所述, 一張鈔票的成本就是一張紙, 對政府來說, 花個幾塊錢新臺幣的成本, 就能印出新臺幣 1,000 元來購買貨品, 是個快速且便宜的籌錢方法。[3]

但對國民來說, 政府印鈔票導致通貨膨脹後, 原本的存款價值變小了, 因為物價上升, 同樣的存款與工資, 能買到的貨品更少。因此, 這其實是一種變相課稅, 經濟學上稱為「通貨膨脹稅」。

經濟大蕭條

從上面的例子我們可以看出,「不亂印鈔票」對於央行來說是多麼的重要。政府印鈔來花用, 能緩解資金短缺的燃眉之急, 卻也會為

---

[3]隨著時代演變, 多數國家的貨幣已大多電子化, 紙鈔與硬幣只占一國貨幣的一小部分, 因此, 現代央行在增加貨幣發行時, 並不需要真正去「印」鈔票, 而只需在公開市場上買進債券, 或借貸給銀行, 就可以創造新的貨幣。例如, 日本央行在實行量化寬鬆時, 即是在市場買入政府或私人的證券, 將資金注入銀行體系。

人民的安定生活帶來負面影響。

　　不過,所謂的「不亂印」,其實也不代表央行只需負責幫舊鈔票汰舊換新,而完全不增加整體經濟的貨幣供給。事實上,當今全球各國央行,長期來說,都是在每年些微增加貨幣供給的。一來,些微通膨有助於經濟成長,因為當通膨是負的時候,反而可能對經濟造成傷害;二來,央行可以透過印鈔來影響利率、進而調節經濟發展。[4] 有時候,「故意製造通膨」其實反而變成央行該做的事,尤其是當經濟體突然陷入經濟蕭條的衝擊時。

美國1930年代經濟大蕭條

1929年10月29日,美國股市突然崩盤,隨後一串的連鎖反應,造成美國有史以來最嚴重的經濟蕭條,持續了十多年,直至二次世界大戰開打才正式終結。

　　1920年代,一次世界大戰之後,美國因為受到戰爭的衝擊較少,逐漸成為世界經濟的中心,大量資金湧入美國,工廠生產與民間消費都十分暢旺,景氣一片欣欣向榮,股市也水漲船高。不斷上漲的股市,令許多人投入股票買賣,行情愈炒愈旺,有些人甚至借錢炒股,使得美國股市逐漸泡沫化 —— 也就是股票的價格超速成長,價值過於高估,已脫離經濟基本面,有迅速崩跌的可能。

　　股市總會有高低起伏,當1929年10月29日,股市泡沫破滅、股價大跌後,大量股民失去信心而急於出清持股,而借錢炒股者也急需賣股變現,以償還債務,結果股票市場上賣股的人多、買股的人少,讓股價進一步下跌。

---

[4]這些細節我們將在本章稍後及下章提到。

如此惡性循環下,股市愈跌愈低,還不出錢的人也愈來愈多,最後,銀行收不回貸款,許多華爾街中小型銀行宣布倒閉,而部分銀行的倒閉,進一步導致存款大眾恐慌,紛紛跑去其他未倒閉的銀行擠兌,也就是搶著提領存款。

當我們存錢在銀行裡時,銀行通常會把部分存款拿去放款給他人,畢竟大多數人不會天天領錢,銀行只需要手上保存部分現金即可。不過,當所有存款戶都想拿回存放在銀行的錢時,銀行來不及從貸款客戶手中收回現金,無法回應存款戶擠兌需求下,銀行只能賤賣資產或召回貸款,甚至面臨營運困難而宣布倒閉。

這正是美國 1929 年股市大跌後所發生的狀況,由於民眾恐慌擠兌,導致許多原本體質還算健全的銀行,也受牽連而陷入經營困境。整個金融市場大受牽連,1930 年代,全美國高達 9,000 家銀行倒閉。銀行在經濟體系中扮演重要角色,是資金的媒合平臺,若銀行難以運作,時常需要資金週轉的企業會面臨營運困難,需要大筆資金投資的廠商也難以擴展業務。最後,銀行的倒閉潮牽連著工廠裁員、景氣大幅下滑,導致大量人民失業,美國陷入有史以來最嚴重的經濟衰退,史稱大蕭條 (The Great Depression)。

大蕭條造成國內生產毛額 (Gross Domestic Product, GDP) 縮水四分之一、失業率飆高至 25%,經濟在谷底慘淡多年,1933 年後才開始緩慢復甦,1937 年 GDP 才回復至 1929 年的水準 (參見圖 1.1 中,大蕭條前後美國的 GDP 與失業率)。不過失業率要到 1941 年美國參與第二次世界大戰後,才從 15% 以上,下降至 5% 左右的過往水準。

經濟大蕭條影響的不只有美國,世界許多國家也被牽連,同樣

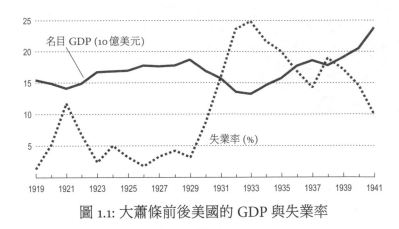

圖 1.1: 大蕭條前後美國的 GDP 與失業率

資料來源: 名目 GDP: The Jordá-Schularick-Taylor Macrohistory Database, 失業率: Smiley (1983)。

陷入了經濟衰退。經濟的不景氣, 後來在德國促成希特勒的崛起, 間接導致了第二次世界大戰。

大蕭條發生的原因

經濟大蕭條過後, 許多經濟學家及歷史學者, 都不斷分析、提出各種理論, 探討究竟是什麼原因, 導致1930年代的大蕭條如此嚴重?

主流歷史學家認為, 這肇因於多項因素, 包含銀行體系的缺失、貸放標準過於寬鬆、各國間實行貿易壁壘、企業投資與技術升級不足等等。不過, 貨幣學者認為, 大蕭條會一發不可收拾的主要原因, 在於聯準會的貨幣政策失當。

當經濟景況開始下滑時, 人們因為擔心未來賺的錢不夠花用, 會減少消費, 而當所有消費者都減少消費時, 廠商由於商品賣不出去, 只好降價求售。物價開始下跌後, 人們可能會繼續期待商品價

格再往下跌,而延後購物,如此惡性循環,商品價格愈來愈低,廠商也因為貨品賣不出去而裁員,造成經濟進一步惡化,這種現象稱為「通貨緊縮」。

一般來說,經濟學家認為,通貨緊縮比緩和的通貨膨脹,對經濟前景的危害還要大。緩和的通貨膨脹下,人們還會持續購物與生產,但在通貨緊縮時,代表人們已減少購物與生產,且預期物價會繼續下跌,經濟衰退悄然到來。

通貨緊縮時,中央銀行應該做的,是為經濟體注入更多資金,製造通貨膨脹並提高民眾的通膨預期,扭轉通貨緊縮的態勢,讓物價止跌回升,催促消費者再次出門消費,也穩固生產者的信心。不過,1929年景氣開始衰退時,美國聯邦準備委員會 —— 也就是美國的中央銀行,並沒有適時為市場注入資金,反而縮緊了經濟體的貨幣供給。

聯準會當時會施行通貨緊縮政策,其實是一連串的誤判,以及並不瞭解所施行的貨幣政策,究竟會對經濟體造成什麼影響。1929年初,工業生產指數、物價指數等多項指標已開始下滑,顯示景氣正在衰退,但聯準會認為當時股價仍在瘋狂上漲,因此決定縮緊貨幣供給。

股市泡沫在1929年底被戳破後,部分銀行受牽連倒閉,存款人恐慌性擠兌,使金融市場資金不足的情況進一步惡化,資金的流動性突然遇上問題,銀行不敢放款,存款人也不願將錢交給銀行。

央行的一個重要角色,是所有銀行的「最終貸款者」,而這也是美國中央銀行 —— 聯邦準備體系1913年誕生的原因。在銀行有需要時,央行可以提供貸款給銀行。這項功能平常時期很少被使用,

因為銀行多半不想被央行知道自己有資金缺口，需要資金周轉時，通常會向銀行同業借款。不過，當經濟陷入蕭條，每間銀行都缺錢時，市場缺乏流動性，央行便成了唯一選擇。由於央行擁有印鈔的權力，當各家銀行都陷入危機時，央行可以直接印鈔將資金貸給銀行，讓銀行暫時度過營運困境，等危機解除後再行還款。

在 1930 年代，當許多銀行營運困難時，若中央銀行能即時出面，出借資金給銀行業周轉流通，混亂的情勢或許能夠得到很大緩解。但問題是，當時聯準會並沒有及時為市場提供資金，反而繼續縮減資金流通，還決定放手讓營運不佳的銀行倒閉。金融市場得不到及時雨，反而摔得更慘，更加拖累整體經濟。這導致美國數千家銀行倒閉，銀行體系創造貨幣的功能破了一個大缺口，於是貨幣供給強力緊縮，如圖 1.2 所示，1930 年前後，雖然美國的貨幣基數變動不大，但廣義貨幣 M3 卻萎縮了 25%。[5] 圖 1.2 為 1914-1941 年美國貨幣基數與廣義貨幣 M3 之變動。

聯準會當時會縮減貨幣，主要是因為想要謹守「金本位」制度。所謂「金本位」制度，是指中央銀行依據庫房內存有多少黃金，來發行多少貨幣。金本位制度，雖有助於防止央行印製過多鈔票而導致通貨膨脹，但在經濟發生 1929 年那樣的衝擊時，卻也因此沒辦法直接印製鈔票借給銀行，紓解市場「領不到錢」的恐慌。

---

[5] 貨幣基數指的是央行發行的紙鈔、硬幣與金融機構準備金，M3 則是貨幣供給的其中一種分類，除了紙鈔、硬幣外，活期存款、定期存單及存款憑證也算在內。商業銀行也有創造貨幣的功能，舉例來說，甲把 100 塊現金存進 A 銀行，A 銀行再把其中的 80 塊貸給乙，乙又把這 80 塊存到 B 銀行，整個經濟體的 M3，就從 100 變成了 180。倘若銀行不放款或倒閉，此一貨幣創造的功能就會被影響，連帶著貨幣供給也會下降。

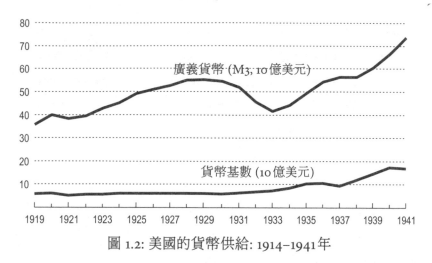

圖 1.2: 美國的貨幣供給: 1914-1941年

資料來源: The Jordá-Schularick-Taylor Macrohistory Database。

於是, 1929年的景氣衰退, 在聯準會錯誤政策的加乘下, 變成全面性的經濟大衰退。美國芝加哥大學著名的經濟學者, 同時也是1976年諾貝爾經濟獎得主傅利曼 (Milton Friedman) 在1963年重新研究這段歷史時, 認為聯準會當時若能採取寬鬆的貨幣政策, 即時為市場提供資金, 景氣衰退應該不會那麼嚴重, 也不會持續十多年之久。

我們從大蕭條學到了什麼

有了1930年代的失敗經驗, 2008年的經濟蕭條再次來臨時, 聯準會的應對, 便比七十多年前更有一套了。2007年, 美國由於房地產價格下跌, 次級房貸開始大規模倒債, 引發金融市場恐慌, 並導致美國多間金融機構資金短缺, 營運岌岌可危, 不斷發酵之下, 釀成

2008年全球性的金融海嘯。

1930年至2008年, 美國也曾經歷許多大大小小的景氣衰退, 例如1970年代的石油危機, 或是2000年的網路泡沫, 其中, 1929年的股市崩盤, 以及2007年的次級房貸風暴, 是由金融危機外溢到實體經濟衰退的重要例子。

金融海嘯時期美國聯準會的主席是柏南克 (Ben Bernanke)。好巧不巧, 柏南克學術生涯的研究興趣之一, 便是1930年代經濟大蕭條的歷史。為了不重蹈經濟大蕭條的覆轍, 金融海嘯發生的當下, 柏南克便當機立斷, 為金融體系注入源源不絕的資金, 從2008年至2014年, 啟動了三次的量化寬鬆 (quantitative easing, QE)。

2008年的金融危機, 美國房地產價格大幅下滑、金融業者陷入營運困境, 情勢一度相當危急。不過, 全球經濟雖然衰退了一小段時間, 美、歐等經濟體不再如金融海嘯前活躍, 但整體來說, 全球經濟並沒有陷入1930年代那樣災難性的大衰退, 經濟復甦的速度也快上許多。能有此一成果, 主要應歸功於以聯準會為首的全球央行能夠迅速反應與行動。在金融海嘯的救市過程中, 聯準會的做法雖然埋下了一些後患, 例如量化寬鬆為市場注入過多資金, 導致資源無法達到最有效利用, 並讓資產價格持續往上推升; 不過, 目前看來, 在大多數人的評價中, 聯準會2008年當機立斷的量化寬鬆行動, 稱得上是瑕不掩瑜。

由上述的歷史故事, 我們可以看見, 中央銀行對於經濟有巨大影響力。許多經濟學家將央行比喻為消防隊員, 經濟情況良好的時候, 我們或許感受不到中央銀行的存在, 但在危急時刻, 央行的決策能決定我們將持續痛苦或早日脫離苦海; 而央行在景氣良好

時期的錯誤決策,也會導致不良後果,變成經濟轉壞的原因之一。[6]

央行的政策目標與操作

擁有貨幣發行權,使得央行對我們的經濟能產生重大影響。相較於財政部或經濟部等部門,財政部可以透過增減稅率或政府支出來影響經濟,例如透過減稅來增加企業投資的誘因,或是編列預算增加公共建設以提升就業率;而經濟部能夠規劃產業政策,協助企業更有競爭力。但只有央行擁有發行貨幣的特權,可以在不經過立法部門的許可下,迅速而輕易地改變銀行體系資金的多寡,或者透過調整利率與匯率來影響經濟。

世界各國的央行,被賦予的任務不完全一樣,但都不超出以下四類:維持低而穩定的通貨膨脹、維持穩定的經濟成長(或充分就業)、維持金融體系的安定、以及維持利率匯率的穩定。美國聯準會的主要目標是維持物價穩定以及充分就業;臺灣《中央銀行法》則規定,央行的任務有:促進金融穩定、健全銀行業務、維護對內及對外幣值之穩定,還有協助經濟發展這四項。

那麼,具體來說,央行是透過怎樣的操作來影響經濟體系?目前,在美國以及世界上大部分的國家,央行主要是透過調整利率來調節經濟。利率可以說是一個經濟體資金借貸的價格,當利率高,貸款人需要付的利息高、存款人得到的利息也高,會讓人們傾向減少借款、增加存款;當利率低,則是會讓貸款變得更便宜、存款的好處變少,使人們傾向增加借款、減少存款。

---

[6]關於這點,我們將在下章詳述。

　　當經濟疲軟, 央行一般會採取寬鬆的貨幣政策, 也就是降低利率, 讓人們願意借錢投資, 或把存下的錢拿出來花用; 當景氣過熱, 央行則會採取緊縮的貨幣政策, 提升利率, 讓人們減少投資與消費。當經濟體的資金充裕, 借錢變得容易, 利率便會降低; 資金緊縮, 利率則會升高。

　　在美國, 央行是透過公開市場買賣美國政府債券 (例如國庫券) 來影響利率, 例如當聯準會想降低利率時, 便會捧一大筆資金在市場買入國庫券, 而這些資金進入銀行體系後, 銀行資金充裕, 便會降低銀行間借貸利率, 進而影響一般人的存款借款利率。相對地, 當央行想提升利率, 則會賣掉手上的國庫券、從市場上回收資金, 造成利率上升。這種透過買賣證券來影響利率高低的方法, 我們稱為「公開市場操作」。

　　不過, 臺灣央行對利率以及資金鬆緊程度的控制手法, 與美國不大相同。在臺灣, 當央行希望利率下調或上調時, 通常是藉由公股行庫帶頭調整銀行的各項利率, 而非藉由公開市場操作。至於國內資金的寬鬆或緊縮程度, 除了受到央行設定的利率高低影響外, 也會受到央行在外匯市場的干預程度所影響。在臺灣這種規模較小, 又高度倚賴貿易的國家, 匯率也常常是央行密切關注、並試圖影響的對象。央行通常希望維持匯率的穩定, 因為突然升高的匯率, 會導致出口商的貨品競爭力下降; 突然暴跌的匯率, 則會使購買外國貨品變得昂貴, 影響國內的物價水準。

　　在管制外匯的國家, 匯率是由央行說了算, 例如1987年以前的臺灣, 新臺幣兌美元的官方匯率一直維持在40新臺幣換1美元。在許多開放匯率上下浮動的國家, 央行還是會試圖干預匯率, 除了試

圖讓匯率波動變小外, 也會導引匯率走向。[7] 根據美國財政部的報告, 許多亞洲國家, 例如泰國、新加坡、南韓、臺灣等, 都趨向讓自己貨幣兌美元貶值, 以利出口。央行若想干預匯率, 例如想讓新臺幣貶值時, 會在外匯市場買入外幣、釋放新臺幣; 想讓新臺幣升值時, 則是在外匯市場拋售外幣、買入新臺幣。

自從1989年匯率與利率自由化以來,[8] 臺灣央行過去二十年來時常刻意貶值新臺幣匯率, 因此釋放出許多新臺幣到經濟體中, 增加臺灣的貨幣發行量, 進而造成臺灣銀行體系長期以來資金氾濫的問題。臺灣央行的刻意貶值以及相對寬鬆的貨幣政策, 始於彭淮南任內。彭淮南在任內被譽為「14A 總裁」,[9] 許多評論也認為他在穩定物價與匯率上有功, 但他任內所施行的阻止新臺幣升值以及寬鬆的貨幣政策, 卻也為臺灣經濟造成一些負面影響。

總而言之, 以上所提之各種央行政策手段, 對我們日常生活影響最大的, 當屬利率與匯率, 我們將在下一章進一步為大家介紹, 利率與匯率如何影響經濟。

---

[7]干預匯率不一定是央行的法定職責, 例如在美國, 穩定美元匯率或干預匯率是財政部的職責, 聯準會是因應財政部的要求而進行外匯市場操作。

[8]臺灣在1989年4月廢止中心匯率制度, 讓銀行間外匯交易匯率自由化。同時, 1989年修訂後的銀行法中取消第41條放款利率上下限及存款利率上限管制的規定, 存放款利率至此完全自由化。

[9]此評價來自《全球金融》(Global Finance) 雜誌, 但事實上這本雜誌的影響力不高, 國際上的發行量僅有5萬左右, 相較之下, 英國的《經濟學人》(The Economist) 發行量約是155萬。根據《今周刊》2011年的報導, 這項央行評比其實並無公信力、評鑑標準也不明確。

2

一次搞懂什麼是利率與匯率

頭版，向來是一份報紙中，重大新聞的節選版面。從頭版放置的新聞，我們可以看出這份報紙對重大新聞的認定、該報的立場，也可以瞭解該報的目標受眾最關注哪類新聞。

那麼，對關心經濟情勢的金融與商業人士來說，他們最關心的是哪些議題？以報導財經新聞為主的《經濟日報》為例，2019年一整年，頭版頁面上最常出現的關鍵字前幾名，分別是川普 (55 次)、台積電 (48次)、蘋果 (26次) 以及聯準會 (25次)。扣掉大型企業的新聞不談，政府或政策相關的新聞中，美國的中央銀行 —— 聯準會，對市場的重要性，似乎僅次於美國總統川普。至於頭版上臺灣政府機關的相關新聞中，「央行」或「央行總裁楊金龍」出現的次數，則居於政府各部會之首，總共出現了 12 次，勝過總統蔡英文 (8次) 以及經濟部 (5次)。央行相關新聞屢居財經報紙頭版，足見金融界與商業界人士對央行的關心程度。

上一章我們提到，中央銀行能決定利率或匯率，而這兩者的高低影響著銀行與企業的商業決策，進而影響到每一個人的日常生活。利率與匯率的高或低，會對不同族群造成不同影響。匯率貶值對出口商有利、但對進口商有害；匯率升值對出國旅遊的人有利、

但對專做外國觀光客生意的人有害；利率上升對存款族有利，利率下降對借款人有利，利率或匯率的升降都勢必會使某部分人得利、但損害另一部分的人。那麼，中央銀行如何決定利率或匯率的水準？它怎麼決定該嘉惠與犧牲哪些族群？

利率

一般來說，央行對於低利率或是高利率會不會有不同偏好呢？

　　這個問題比較複雜，不過，若是問「大多數的政治人物」比較喜歡低利率或高利率，就很容易回答了。

　　2015年底，美國聯準會的利率在低檔停滯了七年後，開始緩步上調。商人出身的美國總統川普 (Donald J. Trump)，任內大打經濟牌，推出減稅等一連串振興經濟的政策，使美國經濟漸有起色，但同時，聯準會的目標利率也逐步上調。川普多次在不同場合上，抨擊聯準會主席鮑爾 (Jerome H. Powell) 不配合他，例如2019年3月時，川普便向電視臺抱怨：「如果不是有人 (指聯準會) 不斷上調利率並施行緊縮的貨幣政策，我們 (美國) 的經濟成長率早就超過4%，而不是現在的3.1%！」

　　美國前總統老布希，1992年競選連任失利後，也曾在電視上表示，導致自己連任失敗的罪魁禍首，便是當時的聯準會主席葛林斯潘。他認為，若葛林斯潘降息的幅度可以更大，經濟將更有起色，他也不會因為經濟不景氣而輸掉總統大位。

利率政策

對大多數的執政者來說,他們比較希望央行能常常降低利率水準。背後原因,是因為他們認為降低利率有助於刺激經濟。

當利率降低,一般民眾會發現,在銀行存款能得到的利息變少了,而借錢買車、買房時,需要繳給銀行的利息也變少了。存錢所得到的報酬變少、借錢需要付出的代價變低,對於一些想購買較昂貴物品的消費者而言,這似乎是下手的好時機。

舉例來說,原本借錢買一臺價值100萬的車,可能需要另外付上5萬利息,總計105萬;現在利息費用降為3萬,總花費便下降成103萬,等於是「撿到了便宜」。

購車者增加,讓車廠受惠,車廠老闆看到銷量大幅上升,便會想要擴充產量來賺更多錢。剛好,跟銀行借錢來創設新廠的成本也變得較便宜,車廠老闆更願意投資新的廠房與設備了。擴廠會為建設公司與工地工人帶來新生意,新廠也需要雇用更多勞工,於是整體社會的失業率下降,老闆也賺到更多錢,經濟看起來一片欣欣向榮。

在臺灣,每次選舉季來臨,縣市長或總統候選人,不分藍綠,很愛喊的一句話便是「拚經濟」。人們有工作、有錢花,主觀上的幸福感也比較高,讓經濟繁榮發展的政治人物,當然比搞慘經濟的政治人物來得受歡迎。既然調低利率能讓經濟比之前來得繁榮,執政者當然會希望,在自己任內,利率水準能夠低一些,讓經濟能更好,也讓自己的評價或連任機率高一些。

不過,在許多先進國家,央行決策常常不如當權者的意,前面提過的川普與老布希正是活生生的例子。

　　既然低利率政策能使經濟加速成長,央行為什麼不長久維持低利政策,有時候還想提升利率? 提升利率會降低消費者的消費意願,因為存錢變得更吸引人、借錢消費的成本變高,廠商的投資動機也降低,整體經濟的動能趨緩。

　　主要原因是,只用降低利率來刺激經濟,效果有其極限,而且隨時間遞減。

低利率政策的限制

回到剛剛利率調降,導致有更多消費者願意買車的案例來看。若利率進一步下調,借錢買100萬的車子,只需要1萬元利息的話,或許能吸引到更多消費者掏錢購車,但已經買了車的消費者,可能不會願意再花另一個100萬買第二輛車,因為同時擁有兩部新車的意義並不大。

　　另一方面,車廠老闆或許會因為銷量提升,而想要繼續擴廠增建,但由於每個車廠都在擴廠,建築公司與建築工人接應不暇,建廠費用因此調漲。另外,因為所有車廠都在擴大產能,每個工廠都在找車廠工人,找不到勞工的情況下,車廠老闆可能得透過加薪來吸引人才。此舉雖然對車廠勞工有利,但也會導致車廠老闆的成本提升。

　　建廠費用與工資成本,最終會轉嫁到消費者身上,勞工雖然薪資提升了、但物價也上升了,100萬的車或許會漲價到102萬,雖然消費者可以少付些利息,但需要付的錢或許不比降息前少。

　　到頭來,由於車價上漲,消費者的需求回落,車廠只好降低生產,或許還會減少僱用一些員工。不過,漲上去的工資老闆較難收

回, 而漲上去的新車售價, 車廠老闆大概也不想調降。所以, 到故事的最後, 勞工工資上漲了, 但物價也上漲了, 而失業率也不一定降低太多, 經濟不見得有成長。

經濟學家相信, 長期來說, 經濟要有所成長, 主要靠的還是生產力提升, 因為光靠調低利率等寬鬆貨幣手法刺激經濟, 到頭來可能只是造成工資與物價皆漲, 但就業率未必能更高。

生產力提升, 通常需要靠研發與創新來達成。例如, 車廠老闆發明出一種新的造車技術或機器, 讓工廠可以不雇用新勞工就可增加十倍產能, 每臺車的製造成本降低, 汽車也能賣得更便宜, 車廠老闆賺到更多錢, 消費者也能買到更便宜的汽車。科技創新才能帶來長遠的經濟成長, 低利率只是短期特效藥。

再者, 長時間的低利率, 也容易為經濟體帶來隱患。借錢投資變得便宜後, 有些企業可能會將錢花在報酬率不高的投資計畫上, 降低整體企業的獲利能力; 部分原本營運岌岌可危的企業, 借錢續命的成本降低, 可能會讓他們倒閉的時日往後延, 反而使經濟的資源用在效率極差的生產廠商。這些都會造成經濟資源的浪費, 因為資金若投資到報酬率更高的創新上, 或這些員工前往更注重研發創新的公司上班, 對經濟體都會有比較正面的影響。

最後, 我們的經濟體總會遇到各式各樣的衝擊與挑戰, 例如石油價格突然上漲、某一地發生重大天然災害, 或是傳染病、區域戰爭, 這些突發事件都有可能會暫時拖累經濟。而央行若在此時介入, 率先降低利率, 為經濟添加一些動力, 或多或少能減輕突發災害對經濟的衝擊。舉例來說, 2001 年美國受到 911 恐怖攻擊時, 聯準會便迅速宣布降息, 提供市場正常運作所需的流動性, 填補金融

機構或企業短期資金的緊急需求,進而穩定金融市場的信心。

　　但是,若原先的利率已經降到接近零,經濟面臨衝擊時,央行不大容易或者不願意把利率進一步降為負數,[1] 所以平時經濟良好、特別是景氣過熱有通膨之虞時,央行「預防性」提高利率,在面對下一次景氣衰退時,也會有比較多空間降低利率來振興經濟。

　　綜上所述,央行平時的主要工作,便是透過調低或調高利率,來調整經濟體的健康。當景氣衰退,便把利率調低一點;當景氣大好,就把利率調高一點。

　　這聽起來好像很簡單,不過實行起來卻會遇到很多困難。

網路泡沫與次貸風暴

2002年,哈佛大學的史達克 (James Stock) 以及普林斯頓大學的華森 (Mark Watson) 兩位經濟學家提出「大平穩」(The Great Moderation) 一詞,描述美國自1980年代中期開始,經濟表現極為平穩的狀況。

　　1970年代,美國曾經歷過一段嚴重的通貨膨脹,以及間歇性的高失業率時期,不過,1980年代中期之後,美國的通貨膨脹以及失業率的波動都平緩很多。這段時期,剛好跟美國前聯準會主席葛

---

　　[1]世界上有部分國家,如丹麥、日本、歐元區等地的央行實施負利率政策。負利率或許有助於讓銀行積極貸款、促進景氣;不過,也可能造成不動產價格高漲、家庭負債上升,長期而言,不見得能有效提振景氣與通膨率,世界上實施負利率的國家並不多。值得一提的是,負利率通常僅限於銀行存放在央行的存款,而銀行為了防止存款大量流失,一般民眾在銀行的存款不太容易出現負利率。

林斯潘的任期相重疊,他自1987年任職到2006年,在聯準會主席的位子上,坐了近二十年。

當時,許多聯準會官員認為,他們已經成功透過貨幣政策來調節經濟,讓美國經濟能長期穩定成長。這項貨幣政策即是,確保物價水準長期穩定,而景氣不佳時,聯準會調低利率並採取寬鬆的貨幣政策;景氣過熱時,則調升利率,為經濟降溫。

從聯準會官員發表的文章或演說中,可以看出他們對聯準會執政績效的志得意滿。葛林斯潘撰文提過,聯準會在1980至2000年間,讓通貨膨脹率從4%下降到2%以下,GDP平均每年也穩定成長3%。當時還任職聯準會理事、尚未擔任主席的柏南克,則沿用史達克及華森的「大平穩」一詞,肯定那二十年間美國經濟的表現(參見圖2.1)。

葛林斯潘任期結束時,帶著極高的評價與聲望退休。不過一年多後,2007年,次貸風暴來襲,牽連金融業承受巨幅虧損,股市大跌、失業率暴漲,美國面臨嚴重景氣衰退,規模直逼1930年代的經濟大蕭條。評論家開始分析此次金融風暴的成因,並尋找罪魁禍首,也突然發現,二十年來的貨幣政策,成效或許不如先前樂觀。

某些經濟學家,如史丹佛大學的泰勒 (John Taylor) 認為,2007年的金融海嘯,便是由聯準會2000年代的低利率政策助長而成的。這一切得從2000年代初期發生的網路泡沫危機講起。

1995年左右,投資人看好網路科技公司未來的發展,而投入大筆資金購買網路科技公司的股票,造成相關類股開始大漲。當投入的金錢愈來愈多,市場陷入了一股狂潮,因為預期股市會繼續成長下去,而造成更多投資人爭相購入科技相關類股。

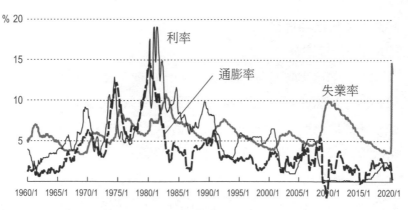

圖 2.1: 美國的失業率、通膨率與利率

資料來源: Federal Reserve Economic Data。

1995年至2000年, 美國納斯達克 (Nasdaq) 指數成長了400%, 其中, 高通 (Qualcomm) 股價更是大漲了2619%; 而新創立、尚未開始賺錢的網路公司, 上市後也受到大筆資金追捧。當年, 臺灣也有幾間網路公司成功在美國上市, 最著名的當屬和信超媒體, 2000年2月以27美元股價在美國上市, 當日便大漲至88美元。圖 2.2為網路泡沫時期 NASDAQ 指數走勢。

不過, 熱潮總會過去, 2000年中開始, 投資人逐漸意識到這些網路公司的股價太誇張了, 股票泡沫破滅、股價開始狂瀉, 到了2002年底, 股市從高點蒸發了5兆美元, 下跌幅度高達74%。和信超媒體在2001年時, 股價只剩1美元多。

由於網路泡沫破滅, 許多網路工程師失業, 炒股族資產大虧損, 美國經濟陷入了不景氣中, 聯準會於是降低利率, 希望為市場注入資金, 讓美國經濟再度成長, 不過, 這一波低利率的操作, 間接醞釀

圖 2.2: 網路泡沫時期 NASDAQ 指數走勢

資料來源: Federal Reserve Economic Data。

了 2007 年次貸風暴的爆發。

從 2002 年到 2004 年, 美國有整整三年的時間, 聯邦資金目標利率在 1–2% 的水準徘徊。這麼低的利率水準, 是 1960 年代初期之後首見, 人們向銀行貸款的成本變得非常低, 因此許多人開始借錢買房, 造成房屋需求增加、房價開始上漲。

上漲的房價與超低的利率, 讓銀行開始敢借錢給原本信用較差 (也就是比較容易倒帳) 的族群買房, 反正房價在上漲, 就算最後房貸被倒帳, 把房子法拍後清償也綽綽有餘。這些信用較差的房貸, 被稱為「次級房屋貸款」。

聯準會直到 2004 年中才開始緩步上調利率, 逐漸上升的利息, 讓部分借錢購屋者發現房貸難以負擔, 房貸違約率開始增高, 購屋的人減少、新蓋的房子沒人買, 房價由漲轉跌, 許多房屋的價值, 變得比屋主的貸款金額還要低, 導致借款人倒帳後, 銀行即使拍賣了房屋, 拍賣金也無法填補房貸全額。

雪上加霜的是, 這些信用不佳房貸借款者的最終債權人, 除了金融機構外, 還有一般投資大眾。房貸債權 (mortgage loan) 經過重新包裝, 透過像金融鍊金術的資產證券化 (securitization), 將這些次級房貸轉換成「安全」的債券 (即「房貸擔保債券」), 吸引其他金融機構或一般投資人購買, 結果借款人無法支付房貸使這些債券發生倒帳, 整個金融市場都受到牽連。

雖然 2007 次貸風暴發生的直接原因, 是金融監理制度未能跟得上金融自由化及金融創新的腳步, 不過部分評論者指出, 若不是聯準會當初讓利率在低檔持續那麼久, 房價不會上漲得這麼迅速, 次貸風暴的規模也不會發展到如此難以收拾。

利率政策的困難

為什麼有時候央行希望幫助經濟更健康成長的一番美意, 反而變成助長新的經濟災難的源頭? 央行在施行利率政策上, 是遇到了什麼困難?

首先, 經濟究竟是好是壞, 判斷的憑據非常多, 是該看經濟成長率、還是失業率、或是股市的漲跌幅? 央行每次開會決定貨幣政策, 花費許多時間討論的重點之一, 便是經濟體目前的狀況, 以及接下來可能的發展趨勢, 來決定現在是進行降溫的政策, 或提振經濟的政策比較好。

再者, 當央行決定要降息或升息後, 利率調整對經濟體的影響, 常常不是立即性的。傳統上, 央行主要是透過公開市場操作來影響利率。在美國, 聯準會宣布目標利率後, 會透過跟銀行買賣政府

公債的方式, 來影響金融業的資金充裕程度, 進而影響銀行的放款意願和存放款利率。

例如, 若聯準會決定降低利率, 便會向各大銀行購買他們的政府公債, 使銀行體系的資金增加 (更精確地說, 是增加他們的準備金)。不過, 這些新增的資金到達銀行手中後, 銀行手上的資金雖然比以往充裕, 但也未必會馬上調降他們對借款人與存款人的利率; 另一方面, 在核准新貸款上, 銀行也可能因為認為經濟目前並無起色, 害怕貸出去的款項收不回來, 而不大願意貸款。央行雖然希望這些新增的貨幣可以透過銀行之手, 流入經濟體中, 增進投資與消費, 但這種金流不一定如理想中順暢。

就算銀行收到新增加的資金後, 很快便將這些新資金貸出給客戶, 但企業要投資、設廠、雇用新員工都需要時間, 消費者在決定該不該多花錢消費時, 也需要時間考慮, 因此央行的錢要真正流入經濟體、帶動經濟的生產與活力, 有著不確定的延遲效果。

另外, 經濟衰退時, 除了央行以外, 政府其他部門也會推出經濟振興方案, 例如興建大型建設來創造就業機會、發放現金 (消費券)給民眾或增加社福支出以促進消費, 這些都會對經濟體產生影響。因此, 經濟情況的好轉, 究竟有幾分是央行的功勞、幾分是政府其他部門的功勞, 不太好估算。當失業率從10%降低到8%時, 究竟是政府規劃興建的新高速公路增加就業, 還是央行的低利率政策發揮了功效?

所以, 經濟不景氣時, 央行的利率要降到多低、降得多快; 景氣過於熱絡時, 央行利率又要何時上升、上升多少, 不太可能有完美的答案。以美國次貸風暴的前因後果為例, 我們很難斷言, 聯準會

2000年初期的低利率政策,究竟要維持多久,才比較理想?

若利率上升得過快,會造成借款人還款負擔突然大增,而排擠他們的消費支出。而企業的利息支出增加時,營運金流也容易捉襟見肘,負債累累者,甚至會因無力償還而倒帳。金融體系也容易因為資金緊縮,引發房價與股價等資產下跌。然而,利率政策要如何才不會升得過快,導致借款者負擔過重、資產價格迅速下跌而拖垮經濟,央行並沒有絕對的操控能力,也難有完全正確的答案。

著名財經作家惠倫 (Charles Wheelan) 在其著作《聰明學經濟的12堂課》中舉例,央行決策就像是在開一臺油門與煞車都可能延遲發揮效果的汽車:汽車代表經濟情況,油門代表低利率的寬鬆貨幣政策,煞車則代表緊縮貨幣政策。當你認為車速過快,決定踩下煞車時,有時候能馬上發揮作用,有時候卻要再過個幾公里車子才會開始減速;而當你遇到上坡、想要踩下油門時,可能還會發現十分鐘前踩下的煞車突然發生作用,阻礙你前進的動力。

另外,副駕駛座其實也坐著另外一個人可以控制經濟的油門與煞車,那就是負責政府財政支出的官員,他可以透過減稅或增加政府公共建設來活絡經濟。但央行與財政官員之間可能有相衝突的目標與任務,或是彼此對於景氣是否過熱的看法不同,所以可能央行剛想提升利率 (踩下煞車) 停止經濟過熱時,政府卻突然減稅 (踩下油門) 促進經濟成長。

要透過貨幣政策來減緩景氣波動幅度不是件容易的事,有時候能發揮作用,有時候卻可能會幫倒忙。

目前為止,我們討論的多是美國貨幣政策的狀況,一個原因是因為,世界主要的已開發國家,央行的運作模式與調控經濟的方法,

都跟美國聯準會的運作方式差不多。另一方面則是因為,到目前為止,美國仍是對世界經濟影響力最大的國家,臺灣經濟的好壞,很大一部分跟美國經濟相連動;臺灣央行的貨幣政策,也常常會跟隨美國聯準會的步伐,因此在我國的報章媒體上,美國聯準會的曝光度,與臺灣央行相較之下,往往不遑多讓。

不過,臺灣央行的貨幣政策操作,跟美國聯準會的操作模式依然稍有不同,這一點我們將在下兩章提及。其中一個不同是,匯率通常不是美國聯準會關注的主要目標,但在臺灣,央行對匯率與利率兩者的關注程度,可以說是不分上下。

匯率

若說利率是借錢的價格的話,匯率就是本國貨幣與他國貨幣的相對價格了。

當今,世界各國的利率,主要是由各國的中央銀行視國內經濟狀況所制定。那麼,匯率又是由誰來訂定的呢? 這得先看那個國家採取的,是怎樣的匯率制度。

匯率的運作機制

採取固定匯率制度的國家,是由政府來決定匯率,例如北韓,或是早期的臺灣。採取自由浮動匯率的國家,匯率是由外匯市場的供需所決定,由交換貨幣的雙方,來決定本國貨幣與他國貨幣交換的價格。以新臺幣兌美元為例,若市場對新臺幣的需求大,代表想要以美元買新臺幣的力道變強,新臺幣變得稀缺,導致新臺幣變貴,

匯率便會走升; 反之, 若美元的需求較大, 代表想賣掉新臺幣的人多, 新臺幣會變多、變便宜, 導致匯率走貶。

所以, 匯率走高或走低, 端看市場上是對本國貨幣的需求大, 還是對外國貨幣的需求比較大。

一個國家貿易的進口量或出口量孰者為多, 是影響匯率需求的一個原因。出口商將商品賣到國外後, 得到了美元, 會想要在外匯市場上賣美元、買新臺幣。進口商要拿美元到國外買貨品進口, 則需要先在外匯市場上買美元、賣新臺幣。臺灣出口比較暢旺時, 市場上買新臺幣的總量會比賣新臺幣的多, 新臺幣便會升值; 相對的, 當進口比出口暢旺時, 市場上賣新臺幣的總量比買新臺幣多, 新臺幣便會貶值。

不過, 會在外匯市場上買賣新臺幣的, 不只是進出口商而已, 還有想出國玩的臺灣旅客、來臺灣玩的外國旅客、來臺灣投資金融資產的外資、想要投資海外金融資產的臺灣人。

當國外投資人看好臺灣的經濟成長、產業獲利機會、股市前景, 或是認為在臺灣的銀行存錢利息比較高時, 他們便會把錢匯進臺灣, 希望可以獲得較高的報酬。此時, 市場上以美元換新臺幣的人多, 新臺幣對美元便會升值。臺灣的投資人也有可能認為其他國家 —— 例如越南的投資報酬比較高, 而選擇把手上的新臺幣賣掉、換成越南盾匯到越南, 造成新臺幣對越南盾貶值。

有時候, 投資人不一定想要投資特定股票或蓋工廠, 而只是看好新臺幣會升值, 而決定把錢先匯進臺灣, 等新臺幣升值後再換回美元, 賺一筆價差。例如, 原本美元換新臺幣是 1:35, 投資人預期新臺幣會漲到 1:30, 於是先把 6 萬美元換成 210 萬新臺幣, 等新臺

幣兌美元真的漲到1:30時，那210萬新臺幣換回美元，就成了7萬美元。

1992年，投資巨擘索羅斯（George Soros），就是因為看準英鎊貶值，而大舉放空英鎊，在一天內賺到10億美元。

央行在匯率市場的角色

中央銀行也是外匯市場中的一股勢力，由於匯率的劇烈升值或貶值都會對國內經濟 —— 尤其是進出口貿易造成重大影響，有些國家的央行會干預匯率的波動，希望能讓匯率比較穩定，有些國家的央行甚至會干預匯率的走勢，讓匯率的升貶往央行所希望的方向前進。

當匯率貶值時，對國內的出口廠商會比較有利。一部賣到美國的電腦如果定價1千美元，當新臺幣貶值時，例如從1美元兌換30新臺幣貶值到1:32，1千美元能換到的新臺幣，就從3萬新臺幣變成3.2萬新臺幣，假設國內的工資與原物料都沒有漲價，對出口商來說，以新臺幣計價就會賺到更多錢，可能會提供誘因讓出口商願意增加生產。相反地，當新臺幣升值，匯率從1:30變成1:28，1千美元換回新臺幣便只剩下2.8萬，廠商可能會因為不敷成本，而考慮減產甚至關廠。

若一國的匯率升值太多，出口廠商可能因不敷成本而關門大吉。因此，有些國家會故意貶值本國貨幣，希望能藉此增加出口商的獲利能力與競爭力，臺灣便是其中一個例子。在過去的20年間，臺灣央行時常在外匯市場操作，讓新臺幣趨於貶值。

　　由於中央銀行有貨幣發行權,理論上可以無限制地印鈔票,在外匯市場上買進外國貨幣,使市場上的新臺幣供給變多,新臺幣將變得便宜而貶值。

匯率與利率的關係

方才提到,國際投資人在選擇要到哪一國投資時,該國的利率是其中一個考慮要素。若美國的利率是 3%,但臺灣的利率是 5%,投資人會比較想要將錢放在臺灣,因為如此一來,把錢存在臺灣的銀行,會比把錢存在美國的銀行,能領到更多利息。此時,匯入臺灣的外國資金會變多,新臺幣也因此升值。

　　從而,若臺灣央行想讓新臺幣對美元貶值,臺灣的利率水準便不可能比美國高太多,央行可能甚至會故意讓臺灣的利率比美國來得低一點,鼓勵臺灣的資金外流,讓新臺幣自然貶值。

　　不過,這也意味著,臺灣的利率是高或低,或多或少都會受到美國利率水準的影響,若不想要讓新臺幣升值,臺灣便不可能在美國降低利率時,提高國內利率,所以儘管美國景氣很差、臺灣景氣很好,央行也不願將臺灣利率調升,因為一調升利率,新臺幣便會升值,影響出口產業。

　　臺灣為了維持新臺幣貶值而壓低利率的情況,正是彭淮南任職央行總裁後,我們所觀察到的央行貨幣政策模式。這勢必會對臺灣的經濟發展產生影響,之後幾章會有詳細的探討。

　　一個國家如果不想要匯率升值,但也不想壓低利率的話,還有一個方法,就是限制國外資金匯入國內,減少外匯市場上外資對本國貨幣的需求,這樣利率就算調高,國外資金也不會影響匯率。北

韓、中國等國家, 就是透過禁止或限制國外資金的流入, 來保持匯率的穩定與利率的自主性。

三元悖論

1999年諾貝爾經濟學獎得主孟岱爾 (Robert A. Mundell) 曾提出所謂的「三元悖論」, 也就是固定匯率、自主的貨幣政策、資金自由流動這三者, 不可能三者都兼顧, 只能任選兩個。

臺灣若開放資金自由流動並堅守匯率穩定, 那麼貨幣政策 ── 亦即利率高低, 便受制於他國, 無法依據國內經濟狀況進行調整。中國選擇自主貨幣政策、穩定匯率兩者, 便得要限制資金自由進出, 本國民眾想要投資海外資產也會受到限制。英國、美國等國, 則選擇自主貨幣政策與資金自由流動, 因此匯率的波動也較為彈性, 廠商與民眾較須面對匯率變動的風險。

選擇「三元」中的哪兩個, 對國家經濟來說都各有利弊。不過, 在資本自由移動的前提下, 即使一國願意放棄貨幣自主性, 維持匯率穩定依舊有其難度。

第一, 央行在面對大筆資金出入國界時, 要有足夠的意志力與口袋, 才能確保匯率維持在一個固定水準上。以臺灣為例, 大筆資金流入國內時, 臺灣央行要敢於發行夠多的新臺幣, 抵銷新臺幣升值的壓力; 大筆資金離境時, 則要從外匯存底中拿出夠多的美元, 來抵消新臺幣貶值的壓力。

另外, 若一國不斷出口產品到他國, 本國匯率卻沒有升值時, 競爭對手會質疑你壓低匯率, 可能施加政治壓力逼迫你升值。1987年之前, 美元兌新臺幣的匯率長期維持在1:40至1:35之間, 後來臺

灣出口成長,出口大量臺灣製產品至美國,間接造成美國的工業受到衝擊。

理論上從國外賺回大量美元,新臺幣應該升值,將使臺灣的出口商品變得較昂貴,進而減少臺灣對美國的出口,同時美國商品因為新臺幣升值變便宜,也會增加臺灣對美國的進口,這兩股力量都會讓美國本土的製造業有所復甦;但由於匯率依然被政府固定在1:35以上,臺灣的出口商便持續在美國賺大錢,引起美國政府的不滿,最後施加政治壓力,強迫臺灣放鬆外匯管制。資金能自由進出後,美元兌新臺幣的匯率,在1993年一度來到1:25。

1995年臺海飛彈危機使得新臺幣貶到1:27;亞洲金融風暴時期,外資大舉撤出亞洲、亞洲各國的貨幣相繼貶值,新臺幣兌美元亦跌到30元以上。不過,自此之後,新臺幣便很少回歸1997年以前的2字頭了。

再者,央行控管匯率,造成新臺幣匯率被低估,其實也會影響我們的生活福祉 —— 臺灣經濟發展程度與南韓相當,臺灣人的所得在國際上的消費能力卻不比南韓,即是一例。

臺灣與南韓,誰的經濟比較好?

放眼全世界,過去七十年來,政治與經濟發展歷史上,與臺灣最相近的,大概當屬南韓了。

臺灣與南韓都曾是日本殖民地、戰後皆受到美國大量金援,都從威權政體走向民主政體;在經濟發展上,則是從國際三級貧戶成長到與已開發國家看齊,同樣歷經農業、工業再到高科技以及服務

業的產業轉型。

到了今天, 南韓與臺灣依然有不少相似之處, 例如生育率皆屬全球最低, 而產業發展上, 皆高度仰賴高科技製造業。

產業上的高度相似, 代表臺、韓兩地的企業, 在國際上勢必彼此競爭, 也間接造就了臺灣人處處愛跟南韓比的特性。從產業競爭力、政府政策, 甚至連棒球也是比較的重點, 而兩國經濟的發展, 以及國民生活水準, 當然也是很常被拿來比較的標的之一。

要衡量一國的經濟發展與人民生活水準, 經濟學家最常用的指標是國內生產毛額, 英文縮寫便是我們在報章媒體常見的 GDP, 統計一個國家一年內所創造的總體經濟價值, 代表民間消費、投資、政府支出與淨出口 (出口減進口) 的加總, 而一人的支出便是另一人的所得, 因此 GDP 也代表著一個國家的整體收入。一國的 GDP愈高, 代表這個國家產出的貨品價值較高, 人民也比較富裕, 消費得起更多貨品。

那麼, 臺灣人跟南韓人誰的每人平均 GDP 比較高? 也就是說, 臺灣跟南韓哪一國的人民, 日子過得比較富裕?

這其實是個有點難回答的問題。

購買力平價

國際上, 在比較兩國的人均 GDP 時, 有兩種計算方法, 一種是名目匯率 (nominal exchange rate), 一種是購買力平價 (PPP)。

名目匯率人均 GDP, 就是單純將各國的人均 GDP 換成美元, 直接進行比較; 購買力平價人均 GDP, 則是將各國物價納入考慮, 換算出各國人民的生活水準。

　　之所以有購買力平價這種計算方法，是因為每個國家的物價差別很大。例如，北歐國家的工資高，但他們的物價也很高；開發中國家，如印度，平均工資很低，但他們的物價也相對不高。

　　根據記錄了各地生活水準的統計網站 Numbeo 顯示，2020 年 8 月，在挪威首都奧斯陸，勞工的平均月薪高達 10.2 萬元新臺幣，不過生活物價並不低，一頓麥當勞套餐就需要花費 354 元新臺幣，一瓶可樂要價 97 元新臺幣，捷運車票售價 119 元新臺幣，郊區一間套房的月租金則約 3.2 萬元新臺幣。至於印度首都德里，勞工平均月薪約 1.5 萬元新臺幣，不過物價也便宜很多，麥當勞套餐約是 98 元新臺幣，可樂一瓶是 14 元新臺幣，捷運票價是 12 元新臺幣，郊區套房的月租則約 4 千元新臺幣。

　　比較各項生活開銷的價格後，Numbeo 網站為各城市換算出「生活指數」，以紐約做為 100 的基準，挪威奧斯陸 2020 年的生活指數是 99.76，臺北市是 64.57，而德里的指數則是 27.43。

　　奧斯陸人的薪水是德里人的 6.8 倍，不過在物價上，奧斯陸也是德里的 3.6 倍左右。因此直接比較挪威與印度兩地的薪水，來斷定「挪威人比印度人幸福六倍」並不公平，因為兩地的物價不一樣，印度人用自己的薪水，能買到的貨品確實比挪威人少，但也沒差到 6 倍之多。

　　我們若要比較奧斯陸人與德里人薪水的「購買力」，亦即他們在各自的城市中，可以購買多少物品來享受生活，方法便是：看奧斯陸的物價是德里的幾倍，接著以此差距來調整德里人的薪水。如此一來，更能夠合理比較，在面對相同的物價時，奧斯陸人與德里人能買到的商品數量差異。

奧斯陸的物價約是德里的3.6倍, 所以我們在比較兩地城市的購買力時, 可以將德里人的薪水直接乘上3.6, 如此換算下來, 在奧斯陸的物價之下, 德里人平均的薪水是5.4萬元新臺幣。5.4萬元新臺幣跟奧斯陸平均10.2萬元新臺幣的薪水比起來是比較差, 但也沒有像直接比較那樣差上6倍。

人均GDP的購買力平價, 便是運用上面的概念, 依物價水準來調整比較各國的人均GDP。

外窮內富的臺灣

根據國際貨幣基金組織的統計, 2018年, 臺灣的名目匯率人均GDP是2.5萬美元, 全世界排名第39名, 南韓的名目匯率人均GDP則是3.13萬美元, 排名第31名, 南韓勝出。不過, 若改以購買力平價的人均GDP計算, 臺灣的人均所得便躍升到5.3萬美元, 世界排名第17名, 南韓則是4.14萬美元, 排名世界第29, 反而是臺灣勝出。

比名目匯率人均GDP, 南韓勝; 但比購買力平價人均GDP, 臺灣勝。簡單來說, 就是南韓人每年賺到的錢比臺灣人還多, 但在兩國人都不出國、只在本國消費的情況下, 臺灣人的生活水準勝過南韓人。

也就是說, 臺灣的物價水準相對低, 即使臺灣人拿到的薪水數額不高, 但生活水準卻在世界上名列前茅。以購買力平價計算, 臺灣的人均GDP超越日韓, 略勝瑞典、德國, 不過若以名目匯率來算, 臺灣的人均GDP就落後瑞典、德國、日韓等國, 跟東歐的愛沙尼亞、捷克等國相仿。

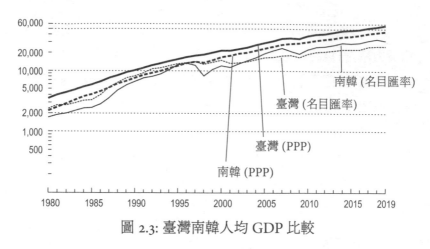

圖 2.3: 臺灣南韓人均 GDP 比較

單位: 美元

從圖 2.3 我們可以看到, 在 1980、1990 年代, 臺灣無論是名目匯率人均 GDP, 或是購買力平價 GDP, 都比南韓還要高, 不過, 在 2003 年, 兩國的名目匯率人均 GDP 開始反轉, 後來距離愈拉愈大, 到了 2019 年, 臺灣的名目匯率人均 GDP, 只剩南韓的七成五左右。

為什麼臺灣人的名目收入成長停滯, 但購買力平價計算下, 經濟看來是有成長的? 這其中的巨大差異是怎麼產生的? 這背後的主要原因是, 臺灣央行蓄意壓低臺灣匯率, 導致我們的經濟雖然有所成長, 但換成美元跟國際各國比較時, 還是輸人一大截。

過去, 當有批評者質疑, 央行的貶值政策造成臺灣人均 GDP 成長停滯時, 央行曾辯稱, 臺灣的人均 GDP 若以購買力平價計算, 在國際中仍然名列前茅。這是事實, 但若我們的名目匯率 GDP 與購買力平價 GDP 的差距能夠弭平, 國人出國旅遊時的購買力便會增加, 可以玩得更盡興, 在臺灣消費進口商品時, 價格也可以更低廉。

因此,壓低新臺幣幣值事實上具有所得重分配效果: 出口商得到了補貼; 而進口商、出國旅遊者, 以及購買進口商品的人則是被課了稅。

彭淮南時代的影響

過去二十年, 臺灣央行屢屢有阻止新臺幣升值、壓低新臺幣匯率的行動, 此一貶值政策, 始於彭淮南擔任我國央行總裁的任內, 長久下來, 為臺灣的經濟發展與社會帶來種種影響。

要維持壓低匯率的政策, 央行除了需要在外匯市場上買進外幣干預外匯之外, 也需要將國內的利率保持在比他國還要低的水準。正如前面「三元悖論」中我們曾提到, 若一國要維持低匯率政策, 又不想限制資本的跨國移動, 那麼壓低利率就能避免外資流入, 以及避免貨幣升值。

因此, 在彭淮南擔任央行總裁的期間, 臺灣貨幣政策的兩大特色, 便是新臺幣難以升值, 以及利率長期維持在低檔。

這兩項政策在近二十年間, 逐漸對臺灣經濟與社會的樣貌帶來深遠的影響。房地產價格高漲、臺灣產業升級不力、人才外流等現象, 皆與我國央行長期的低利率、低匯率的貨幣政策脫不了關係。

在接下來的第 3 章與第 4 章, 我們將分別探討臺灣低利率政策與低匯率政策的樣貌與影響。

3

臺灣的利率政策

每年八次, 美國聯準會例行召開聯邦公開市場委員會 (FOMC), 決定聯邦基金目標利率。

會議開始的前幾週, 各路經濟學家、股市大師、財經專家, 便開始為「聯準會是否會升息 (或降息)」進行分析。分析的依據, 有近期失業率高低、股票指數起伏、聯準會主席最近發言、乃至委員會成員的偏好等等。過去, 在葛林斯潘擔任聯準會主席的年代, 媒體甚至會以「葛林斯潘的公事包厚度」來推測利率是否調整: 若公事包很厚, 代表裡面裝有許多資料, 葛林斯潘將在此次會議對經濟景況進行諸多討論, 會後公布利率變動的可能性比較高。而今, 聯邦基金期貨 (federal funds futures) 的報價則成為判斷美國利率政策是否調整的重要依據之一。

會議結束後, 聯準會公布利率決策, 市場會立即對聯準會公布的利率產生反應。

若利率下調, 股市通常會上漲; 利率上調, 股市則通常下跌 —— 當然這並非絕對, 還需要參照當時的諸多其他因素。例如, 原本大家預期利率會調升 0.5 個百分點, 結果只調升了 0.25 個百分點, 那股市可能會上漲, 因為利率低表示借入的成本低, 對企業有利。有

時候, 聯準會雖然調降利率, 但股市卻沒什麼反應或甚至下跌, 則可能是因為投資大眾對經濟前景悲觀, 央行降息並無法鼓舞市場重振信心。

總而言之, 公開市場委員會開會的前後, 關於會議以及利率的相關新聞, 會連續數日占據美國報紙的財經新聞版面, 臺灣報紙也會跟著密切關注相關進程。不過, 相對來說, 臺灣央行宣布利率的相關新聞, 便很少引起媒體太大的熱情。

事實上, 臺灣央行也需要開理事會, 之後才宣布利率是否調整以及調整幅度。但是, 臺灣央行宣布利率之前, 媒體的報導通常僅有淡淡一句「央行預計維持利率不變」或「央行預計降息」; 等利率真正宣布以後, 股市似乎也少有大幅反應與波動。

為何美國與臺灣兩地央行的會議結果, 會產生如此迥異的風景? 一個原因是, 美國的貨幣政策對全世界都有重大影響, 因此吸引極大關注; 但另一個重要原因, 則是臺灣央行與美國央行公布的貨幣政策利率, 相當不同。

兩國央行所公布的利率不同, 使得臺灣貨幣政策近二十年來的一大特色: 極低利率, 隱藏在公眾的視野之外。

臺灣歷來的利率政策

當我們想比較各國利率孰者為高、孰者為低時, 短期利率的比較標的通常是各國的「金融業隔夜拆款利率」, 而長期利率的比較標的則是各國的10年期「公債利率」。

世界各國的政策利率

銀行營運時,通常是一手收下存款者的錢,另一手把錢貸給借款者,我們平時存在銀行的錢,大部分的現金其實並不在銀行手上。央行為了避免銀行過度放貸、手頭上現金不足,導致存款戶權益受影響,會規定金融機構必須備有一定比例的現金,也就是「法定存款準備金」。[1]

不過,金融機構每天都會經手大量的資金,存款戶來銀行存錢或領錢,借款者則來銀行借錢或還錢,每一天的存提款、借還款金額不大一致,當一天的營業結束、銀行拉下鐵門結算今日的入出帳款,有時候會發現今日進帳較多、手上剩餘現金還不少;有時候則會發現,手上現金達不到法定存款準備金的要求。

為了調節手上現金的存量,銀行間會透過隔夜拆款市場彼此借貸資金,讓缺錢者能借到錢、以維持日常營運週轉與達到法定要求,資金充裕者能賺取些許利息收入。此種借貸的時間長短通常以日結算,應付的利率則稱為金融業隔夜拆款利率 (以下簡稱隔拆利率)。

隔拆利率的高低,代表著金融業整體資金的寬裕或拮据,若大多數的業者手上資金皆很充裕,隔拆利率便會比較低;若多數業者都缺資金,隔拆利率則會比較高。

由於金融業經手大筆資金,對市場上的資金寬鬆與緊縮程度最為敏感,又隔拆市場是經濟體內最基本、交易最頻繁的金融市場之

---

[1]銀行的法定存款準備金可以用兩種方式持有,一是銀行手頭上的現金,另外也可存放於銀行在央行開設的準備金帳戶。

一,世界各國央行想要影響經濟體的利率高低時,多是以調控隔拆利率為目標,以此來調節國內貨幣的寬鬆或緊縮。

以美國為例,每次聯準會開完會後宣布的「聯邦基金目標利率」,正是指美國金融業隔拆利率的目標利率。

假設原本的利率是 3%,聯準會宣布升息 0.5 個百分點,聯準會便會在公開市場上向金融機構賣出美國政府債券,吸收銀行手中的現金,導致銀行業手中的資金減少,資金變得較珍貴,隔拆利率便會上升。聯準會將不斷賣出政府債券、吸收資金,直到隔拆利率真的上調到 3.5% 為止。隔拆利率的上升,也會帶動銀行存放款利率以及金融市場各種利率的上升,進而降低經濟體內現金流動的活絡程度、降低景氣熱度。

世界上許多國家的央行,跟美國一樣,每次公布政策利率時,指的即是隔夜拆款利率的調整。其他諸如歐元區、瑞典等國家,則是設定其他利率來影響隔夜拆款利率的高低。

舉例來說,歐洲央行是透過設定銀行向央行借款與存款的利率,讓隔夜拆款利率維持在一個區間之內。隔拆利率不會高於歐洲央行的借款利率,因為若隔拆利率過高,銀行業者向央行借款即可,隔拆利率自然會往下調;隔拆利率若低於歐洲央行存款利率,銀行業者則會選擇把錢存在央行,而非借給其他銀行,造成隔拆利率往上調整。

不過,臺灣隔拆利率的運作模式,迥異於上述各國的機制:臺灣宣布的政策利率,與市場慣用的隔拆利率,兩者的意義和數值天差地別。

圖 3.1: 短期利率

資料來源: 臺灣央行, Federal Reserve Economic Data。

臺灣特色的政策利率

臺灣央行每次開完理事會後, 會宣布是否調整政策利率:「重貼現率」, 亦即臺灣金融機構向央行借款需負擔的利率。從圖 3.1 可看到, 以往, 臺灣隔拆利率跟重貼現率的數值通常差不多, 不過, 自 2002 年開始, 臺灣的隔拆利率便開始遠遠低於重貼現率, 對於金融機構來說, 向銀行同業借款遠比向央行借款來得便宜。

由於銀行向央行借貸的利率具懲罰性質, 這發展固然是合理的, 但是在臺灣銀行體系資金長期處於氾濫的情況下, 銀行不會使用貼現窗口向央行融通。重貼現率從此失去了實際的功能, 而且也無法有效引導市場利率的變動。

雖然 2002 年後, 臺灣隔拆利率的走勢跟重貼現率的走勢相仿, 臺灣央行宣布重貼現率調升或調降, 對於隔拆利率的升降也會有影響, 不過, 兩者的差距不固定, 我們難以用重貼現率的升降幅度

來預測隔拆利率的調整幅度。舉例來說, 2002 至 2004 年, 重貼現率與隔拆利率的差距約是 0.5 個百分點, 到了 2007 年前後, 差距擴張到 1.5 個百分點, 近來的差距則約 1.2 個百分點, 顯示重貼現率的變動對於市場利率的影響力低。

相對而言, 歐洲央行每次公布利率政策時, 都有明確告示隔拆利率的上限 (央行借款利率) 與下限 (央行存款利率)。

在臺灣, 外界向來難以得知, 央行心目中設定的利率範圍是多少。目前, 儘管央行曾公告, 7 天期定期存單利率可算是極短天期市場利率的下限,[2] 不過長期以來隔拆利率一直低於 7 天期存單利率。實際運作上,「準備金乙戶利率」可看作是臺灣央行的利率下限。準備金乙戶可理解為各家銀行在央行的定期存款 (相對於可隨時動用的準備金甲戶而言), 不過此一利率的計算方式複雜, 且設有給息額度的上限,[3] 仍難以視作正式的臺灣央行短期利率下限。

因此, 臺灣的政策利率, 可以說是象徵意義大於實質作用。表面上看來, 臺灣的政策利率決策與宣告好像跟國際上其他國家差不多, 但實際上, 國內外所定義的政策利率並不相同, 拿臺灣的政策利率「重貼現率」, 跟國外普遍的政策利率「隔拆利率」相比, 其實不大妥當。

---

[2]關於定期存單的相關說明, 請見第 6 章。

[3]準備金乙戶的金額為法定準備金應提額度的 55%, 央行會給予這些準備金利息, 但又依其資金來源 (來自活期存款戶或定期存款戶) 給予不同的利息, 截至 2020 年 12 月, 央行支付準備金乙戶的加權平均利率是 0.236%。

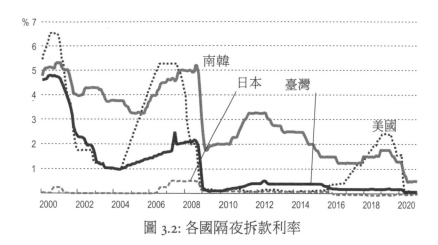

圖 3.2: 各國隔夜拆款利率

資料來源: 臺灣央行, Federal Reserve Economic Data。

極低的臺灣利率

由前面圖 3.1 可知, 臺灣重貼現率在 2008 年以前, 走勢與美國聯邦利率相近, 2008 年之後甚至一度比美國聯邦利率還高, 但臺灣隔拆利率在 2004 年之後, 長期來說比美國聯邦利率要來得低、或是水準相近。

圖 3.2 比較多國的隔拆利率, 從中可以看出, 從 2002 年起, 利率長期來說, 利率比臺灣低的先進國家, 世界上可能僅有日本。

2008 年至 2016 年, 由於全球性的經濟不景氣, 許多國家都將利率降到了 0% 左右的水準。不過, 2008 年以前, 臺灣的利率便已經比歐美、東亞的大多數國家要來得低, 2016 年以後、至 Covid-19 疫情開始盛行之前, 臺灣的利率也不像美國、新加坡等國緩步回升, 而是持續停留在接近 0% 的水準。近二十年來, 南韓的利率更是長期平均高過臺灣利率 2 個百分點以上。

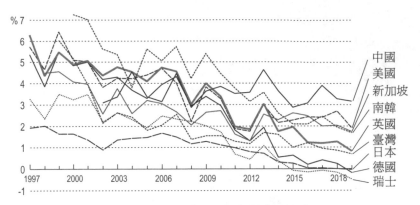

圖 3.3: 各國十年期債券利率 (年底)

資料來源: 臺灣央行, Federal Reserve Economic Data。

　　隔拆利率是比較跨國短期利率時的常用標的, 若要比較長期利率, 則會使用10年期政府公債。從圖 3.3 可看出, 臺灣的 10 年期政府公債利率, 在 2003 年至 2011 年間, 僅高於日本, 在這之後, 由於歐洲發生多起歐債危機, 資金湧向德國公債, 使德國公債的利率持續處於低檔, 不過, 臺灣的利率, 仍比南韓這個經濟條件相仿的鄰國來得低, 也低於美國、中國等國。

　　也就是說, 極低利率在臺灣幾乎已成常態, 二十年來, 是臺灣貨幣政策的主旋律。臺灣的長期低利率, 在這二十年間, 慢慢改變了我們的經濟體質, 並為社會帶來深遠的影響。

資產泡沫

一般來說, 低利率是央行短期內的應急措施, 在經濟疲軟的時候, 或許可為經濟體注入一些動力, 讓景氣回溫。畢竟降低利率可以

資產泡沫

增加廠商借錢擴產、投資的意願,也能促進消費者借錢購物。多生產以及多消費,都可以促使景氣轉佳。

不過,若景氣良好,央行卻仍維持低利率政策,就有點像車子明明在下坡,你卻踩下油門一樣,恐怕有導致失速之虞。不適當的低利率政策,除了可能造成高通貨膨脹,還可能製造資產泡沫,影響金融市場穩定。

所謂資產泡沫,是指房價、股價等投資標的之價格上漲幅度極大,脫離基本面價值,一旦市場修正,價格迅速崩跌,將導致許多投資人與金融機構的虧損,嚴重時甚至會對金融穩定造成威脅。

寬鬆的貨幣政策雖然不是資產泡沫的唯一原因,卻時常會助長資產泡沫的嚴重程度。

資產泡沫的開始,通常是投資人有志一同地看好某一項投資標的,導致該標的之價格開始上漲。例如第 2 章提到過 2000 年的網路泡沫,一開始便是因為投資人看好網路公司未來的發展。

至於低利率的金融環境,則是資產泡沫成長的催化劑。利率降低會使投資人的借款成本變得便宜,促使更多資金投入市場,進一步推升資產價格。

距離我們比較近的資產泡沫案例,當數 2008 年次貸風暴前的美國房屋市場。次貸風暴的形成因素很複雜,包含銀行輕易放貸給信用不佳的購屋者、金融產品過度複雜導致風險被低估等等。不過,若不是美國在 2000 年代初期壓低利率太久,導致人們借款成本降低、貸款買房變容易,房價也不會在短時間內過度成長,為次貸風暴搭建了最佳的舞臺。

日本泡沫經濟

另一個資產泡沫的著名案例, 是 1986 至 1991 年的日本泡沫經濟。 1980 年代, 日本可以說是世界第一的經濟模範生, 日本出口大量優質產品到世界各地、經濟成長率高、國家發展愈來愈進步, 日本企業也漸漸在世界各地發揮影響力。

1985 年, 日圓開始大幅升值, 當年美元兌日圓的匯率是 1:250, 到了 1988 年, 美元兌日圓僅剩 1:120。日圓的狂升, 讓日本企業到海外投資時, 所需付出的成本低上很多, 同樣 1 億美金的資產, 兌換成日圓的價值, 1988 年的價格比 1985 年少了一半, 從 250 億日圓減少到 120 億日圓。

日本企業因此大舉在世界各地購置資產, 最著名的幾個例子, 大概是日本三菱買下美國紐約地標 —— 洛克菲勒中心, 還有日本安田火險花了近 4,000 萬美元買下梵谷的向日葵畫作, 打破當時畫作拍賣價格的歷史紀錄。日本大肆收購美國資產, 還一度引起美國媒體的恐慌, 擔心美國將被日本買下。

但另一方面, 日圓的升值, 也代表日本的出口廠商的出口競爭力下降, 進而傷害到日本國內的製造業。日本央行為了減少升值所帶來的衝擊, 開始在國內採取寬鬆的貨幣政策, 降低利率以刺激景氣。1985 年底, 日本央行的政策利率 (隔拆利率) 是 5%, 到了 1987 年初, 已經降到 2.5%, 並在此低檔持續了兩年之久。

不過, 日本國內的房地產與股價自 1985 年後, 年年屢創新高, 日經指數在 1986 年至 1989 年底之間, 翻了兩倍, 而一個東京市的地產價值, 幾乎等於全美國的地產價值。日本央行的低利率政策, 方便投資人借錢投資股票與房產, 助長了股價與房價的成長速度,

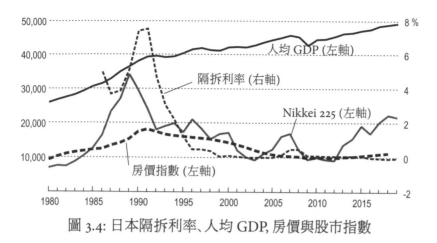

圖 3.4: 日本隔拆利率、人均 GDP, 房價與股市指數

說明: 房價指數, 2010 = 10,000。資料來源: Federal Reserve Economic Data。

終使資產價格的高漲一發不可收拾。

從圖 3.4 我們可以看到, 日本央行直到 1989 年中才開始調升利率, 股價泡沫於 1989 年尾破滅, 之後便一路下行, 直至今日, 日本股市都沒有重回過 1989 年的高點, 房地產則是在 1991 年開始下滑。

一般來說, 只要有一個股市泡沫、或是一個房產泡沫, 便足以對經濟體造成嚴重傷害, 不過, 在 1990 年代的日本, 兩個泡沫卻同時發生, 等於是對經濟造成雙重打擊。

有些投資人在借錢投資後, 因為還不出錢而選擇自殺; 許多公司因為大舉投資海內外資產, 欠下鉅額債務, 在接下來幾年只能努力還債, 而無力進行新投資改善公司生產情況。

日本經濟從高成長變成停滯甚至萎縮, 1990 年代之後, 經濟持續一蹶不振, 從世界經濟發展的楷模, 變成經濟衰退的象徵。評論

者稱日本經歷了「失落的數十年」(lost decades),亦即1990年代之後的二十多年,日本經濟皆無好轉,整個國家長期停滯。

　　日本政府在1985年至1989年採取持續的低利率政策,原本的用意是要為日本廠商降低升值帶來的衝擊,結果卻是助長了資產泡沫的成長,最終將整個經濟都拖下水。

　　若我們將目光放回臺灣,觀察過去二十年臺灣的貨幣政策,會發現似與日本當年的情況有異曲同工之妙: 央行或許希望透過低利率來提振經濟,以及減緩新臺幣升值壓力,但最終卻造成資產的價格上漲,損害經濟與社會的發展。

臺灣房地產

目前為止,臺灣雖然尚未經歷日本泡沫經濟那般資產價格的大起大落,不過,近幾年「房地產價格過高」的呼聲,卻從未停止過。

十年房地產價格翻倍

從圖3.5中可看見,臺灣房屋價格的大幅成長,約集中在2002年至2014年這幾年間,剛好與臺灣隔拆利率大幅下降的時間重合。

　　根據信義房屋物價指數,2002年至2014年,臺灣的房屋價格成長了約200% (圖3.5)。與此同時,臺灣人的薪資卻僅成長了15%,顯示一般上班族購買房屋的壓力變大,薪水的漲幅遠遠比不上房價的漲幅。

　　在衡量一地的房價水準到底多高時,通常是採用「房價所得比」,亦即住宅總價中位數與家戶年可支配所得中位數之比率,簡單地

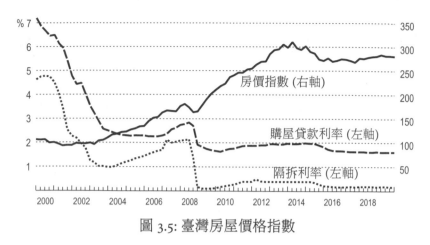

圖 3.5: 臺灣房屋價格指數

房價指數: 2001Q1 = 100.0, 資料來源: 信義房屋。

說, 就是一個地區的房價, 需要當地多少年的薪資才能負擔。

　　內政部不動產資訊平臺的資料顯示, 2002 年, 臺灣全國的房價所得比是 4.47, 臺北市是 6.06。到了 2014 年底, 臺灣的房價所得比是 8.41, 臺北則是 15.73。

　　十二年間, 臺灣人若想買房, 在不吃不喝的前提下, 從需要付出 4 年半的薪資, 到需要付出 8 年半的薪資。對於想在臺北工作的人來說, 購屋更是困難, 從需要付出 6 年的薪資, 到需要付出接近 16 年的薪資。

　　房價漲幅的背後成因有很多, 不過和所有物品的價格一樣, 決定因素不脫需求與供給。

　　一地的人口成長時, 房屋需求會上升, 導致房價變高。以 2002 年至 2020 年的房價所得比為例, 臺北的房價所得比從 6.0 大幅成長到 13.7, 嘉義市卻只從 4.3 成長到 5.4。臺北市的工作機會比嘉

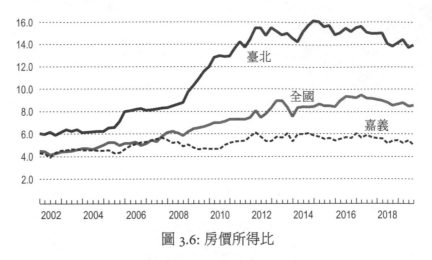

圖 3.6: 房價所得比

中位數房價/家戶年可支配所得中位數, 資料來源: 內政部地政司。

義市來得豐富, 對年輕工作者來說較有吸引力, 臺北地區人口的移入, 自然推升對房屋的需求, 以及房價的上漲。

　　房屋供給的減少, 也會推升房價上揚。舉例來說, 歐美諸多城市為了降低住宅密度, 設有建造限制, 導致城市房屋供給不夠, 價格節節上升。例如紐約曼哈頓在 1960 年一年核發了 1.3 萬份建築許可, 1990 年代十年卻僅有 2.1 萬份。

　　利率的下降, 也有可能促成房地產價格上漲。

低利率與房價的關係

利率降低對於房地產價格的上漲究竟有沒有影響, 學術研究上意見分歧, 部分研究認為沒有絕對關聯, 但多數、尤其是晚近的文獻

多發現, 以跨國長期的資料來看, 低利率確實會造成房價上漲。[4]

利率下降後, 即使房價維持不變或漲幅低, 對於打算購買房屋的人而言, 每個月要負擔的房貸利息會變少, 增加人們購屋的動機。當愈來愈多人因為利息降低, 而願意背房貸買屋後, 房屋需求增加, 房價便會開始上揚。此時, 部分投資者儘管沒有真正的住屋需求, 也可能因為看好房價後續漲勢而投入房地產投資; 原本猶豫買房者則可能害怕房價之後繼續上漲, 而下定決心提早買房。這些行為皆會進一步推升房價。

臺灣的房貸利率, 1994年時約是9%, 到了2003年後, 便再也沒有超過3%, 2009以後, 更是跌到2%以下。臺灣的房貸總金額, 從2000年的3兆以下, 成長到2018年已達7兆, 顯示大量的資金湧入房地產, 推升房屋價格。

央行調低利率、實行寬鬆的貨幣政策時, 銀行所設定的房貸利率也會下降, 利率下降, 則推升房地產價格上揚, 臺灣央行近二十年來的超低利率政策, 間接促使臺灣的房地產價格不斷上揚。

經濟學家多數同意, 利率下降將促進人們投資的意願, 這正是許多國家的央行之所以使用低利率政策刺激景氣的原因在於, 利

---

[4] 認為利率對房價影響小的論文有 Bernanke (2010), Dokko et al. (2011), Kuttner (2013), Luciani (2015) 等, 其中 Dokko 是使用2002年以前的資料進行分析, Kuttner 則聚焦在較早期的文獻回顧。認為利率對房價有一定影響的論文有 Iossifov, Cihak, and Shanghavi (2008), Sá, Towbin, and Wieladek (2011), Bordo and Landon-Lane (2013), Bordo and Landon-Lane (2014), McDonald and Stokes (2013), McDonald and Stokes (2015), Shi, Jou, and Tripe (2014), Taylor (2015), Jorda, Schularick, and Taylor (2015), Yu, Fan, and Wu (2015), Cooper, Luengo-Prado, and Olivei (2016), 與 Nocera and Roma (2018) 等。

率降低能夠增加廠商借錢投資的意願, 進行擴廠或是研發新技術, 對於經濟長短期皆有正面影響。不過, 借錢投資的標的並不限於擴廠、增加生產線或研發, 也包括投資股票以及房地產。

近年, 政大經濟系教授林馨怡分析臺灣1982–2016的經濟數據, 發現當利率水準較高時, 降低利率固然有助於促進民間投資, 但當利率水準已相當低時 (2.6%以下), 持續降低利率也不會提振廠商的投資意願。[5]

分析臺灣2000年至2018年的投資數據 (圖3.7), 可以看見, 在臺灣各類型投資中, 廠商的機械設備投資占比逐年走低, 從2000年的45.4%, 下降到2018年的32.23%, 金額方面則變化不大; 與此同時, 房產 (住宅加非住宅) 占總投資的占比, 則從20%成長到30%, 金額方面則翻了一倍有餘。從以上數據, 我們可以看出, 過去二十年來, 臺灣有大量資金湧向投資房地產。

2012年, 科技大廠英業達的創辦人葉國一, 因為利用人頭戶躲避法規, 投資住宅房產賺取數億利潤, 而被臺北地檢署起訴。彼時臺灣房地產的價格正邁向高峰, 一位科技廠老闆被起訴竟不是因為科技本業出問題, 而是因為房地產投資, 足見當時房地產市場在臺灣有多大的吸引力。

央行主宰著貨幣政策, 利率又是影響房價走揚的一大因子, 臺灣房地產近二十年來的飆漲現象, 央行正是幕後的重要推手。

---

[5]參見林馨怡與陳彥凱 (2018)。

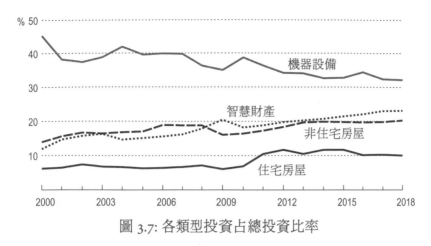

圖 3.7: 各類型投資占總投資比率

資料來源: 主計總處。

房地產價格飆升導致的社會問題

房地產價格的飆升, 衍伸出許多經濟上與社會上的問題。廠商將手上的資金拿去購買房地產的意願, 比投入擴廠來得高; 年輕上班族因為房價節節高升, 而愈來愈買不起房子。

2014年, 臺灣發生太陽花學運, 上萬名學生包圍並湧入立法院, 要求執政黨撤回與中國簽訂的服務貿易協定。表面上, 太陽花學運似乎反映出年輕人對於經濟政策過度傾中帶有疑慮, 不過也有部分媒體將此次運動解讀成「世代衝突」, 以及年輕人對於既有的經濟現況感到不滿。不少當時的民調皆指出, 臺灣年輕人對於低薪、高房價的經濟狀況感到絕望, 認為既有的政策應有所調整。

最近二十年, 由於臺灣的房地產價格高漲, 大多數年輕人很難透過工作的薪水來購買房屋; 相對來說, 二十年之前便已經買下房子的上一個世代, 手上持有的房產價格卻大幅成長。因此, 在衡量

臺灣中老年人與臺灣年輕人所擁有的財富時,便可發現,臺灣中老年人的名下財產與年輕人的差距愈來愈大。

根據經濟學者連賢明等人的共同研究發現,2004年至2014年,50歲以下的臺灣居民,在社會上的總財富占比愈來愈少,相對來說,60歲以上的臺灣居民,在社會上的總財富占比則愈來愈高。亦即,老年人與青年的財富差距愈來愈大。[6]

究其原因,主要是因為60歲以上的臺灣人,手上持有的房產愈來愈值錢,但50歲以下的臺灣人買不起房子,財富成長的速度自然受限。

2013年,法國經濟學家皮凱提(Thomas Piketty)出版《二十一世紀資本論》(*Le Capital au XXIe siécle*),認為財富累積的速度大於薪資成長的速度,導致貧富差距的擴大難以避免。部分評論者,例如美國密西根大學的經濟學教授沃爾夫(Justin Wolfers)認為,皮凱提所提出的數據中,那些「財富累積」其實大多來自房地產價值成長。

不同世代手中握有的財富相距愈來愈大,容易造成年輕族群有相對剝奪感。二十年前,臺灣房價僅有今天的 1/3,對於當年有意買房的受薪階級來說,買房的負擔遠不如今日有意買房者來得大。年輕人買不起房子,造成世代間的財富分配愈來愈不平等

房價高漲對經濟與社會所造成的諸多影響,政府其實也有察覺,並逐漸對房地產市場進行諸多管制。除了財政部制定房地合一稅,央行在2010年底到2016年初,要求銀行審慎貸款、並降低特定地區房屋與高價宅的房貸成數(亦即買一間房子時,可以使用房

---

[6]參見連賢明等 (2020)。

貸支付的比例),希望以此壓抑房價。

臺灣房價在2014年左右達到高峰後,的確沒有再繼續攀升,或許代表部分房地產市場的管制措施奏效,但在 2020 年 Covid-19 疫情下,央行採取更加寬鬆的貨幣政策,使得房價又開始蠢蠢欲動,對多數年輕人來說,買一間房依然是難以企及的夢想。而過熱的房市,也促成央行在 2020 年 12 月重啟房市信用管制措施,試圖為房市交易降溫。

房地產業是經濟火車頭嗎?

房價高漲讓沒有足夠財力買房的族群在財富分配上更加弱勢,不過,另一方面,房價上升也帶動房地產業的興盛,我們可能常聽說「房地產業是經濟火車頭」這樣的講法,意思是房地產業的繁榮可以帶動其他產業的興盛。因此,為了整體的經濟成長,或許犧牲一點年輕族群的權益也無妨。

部分評論者將房地產稱為「經濟火車頭」的理由是,房地產業的「產業關聯度」很高,可以帶動鋼鐵、水泥、家具、裝潢、金融、仲介等產業的成長。直覺上這個說法聽起來頗有道理,不過是否真的如此,值得進一步細究。

實務上,當我們在比較個別產業的產業關聯度高低時,會分析該產業的向前關聯度 (受到其他產業帶動而發展,又稱敏感度) 與向後關聯度 (可帶動其他產業發展,又稱影響度),關聯度大於 1,表示與其他產業的關聯性強;經濟火車頭指的是影響度高的產業,容易帶動其他產業進行發展。

以主計總處每五年發布的產業關聯分析報告來看, 最新 (2016
年) 的數據顯示, 房地產業中, 不動產與住宅服務的影響度分別僅
有 0.8332 與 0.5370, 而影響度稍高的營建工程業也僅有 1.2474, 跟
真正的「火車頭產業」如化學、金屬與電力設備等部門相比, 還有
若干的差距。[7]

因此, 房地產相關產業並非臺灣的經濟火車頭產業。若習慣性
地誤認房地產業為火車頭產業, 不僅會形成政府規劃政策的錯誤
認知, 更容易成為既得利益者阻撓房市改革的狡獪說詞。此外, 近
期一些研究更發現, 當房價持續上漲, 可能會將資本和勞動力引導
向房地產相關產業, 從而排擠其他行業所能獲取的資源。

問題是, 這些因房價上漲而過熱的部門不一定具有較高的生
產力, 若生產力較高的產業無法獲得足夠的資本和勞動力, 這樣的
資源誤置將拉低整體經濟的投資、生產力, 以及未來的經濟成長。
總而言之, 過熱的房地產業不僅無法帶動其他產業的成長, 承擔不
了經濟火車頭的任務, 更可能造成資源誤置, 導致資源過度集中於
房地產業, 對生產力與經濟的成長造成長期的損害。

長期低利率改變臺灣社會

除了推升房地產價格, 造成社會對立與資產泡沫化的隱憂之外, 長
期低利率還會影響金融產業健全發展與長期經濟成長。

---

[7]影響度較高的產業包含化學材料 (1.5949)、基本金屬 (1.5126)、電力設備
及配備 (1.4122) 等產業, 是典型的火車頭產業。

金融業鋌而走險

傳統上,銀行是靠「利差」—— 即存款與放款利率的差額,來賺取利潤。若某家銀行的定存利率是4%,房貸或企業貸款利率是7%,銀行貸款給企業或房貸者後,可以收到7%的利息,但付給存款者的利息僅需4%,中間的3%便由銀行賺走。

不過,資金氾濫以及利率降低之下,近來臺灣的銀行能賺取的利差愈來愈少,2020年底,臺灣五大銀行新承做放款的平均放款利率是1.3%,一年期平均存款利率是0.77%。[8] 這些數據表示,銀行透過利差能賺得的金額已低到谷底。銀行雖然可以透過「薄利多銷」的方式,用大量貸款來彌補利差縮小的損失,不過,先前提到,近年臺灣企業借款的需求不高,房屋貸款的數額也受政府限制,銀行要靠傳統的存放款利差來獲取利潤,愈來愈困難。

奇怪的是,近年從新聞報導上,我們依然能看見很多銀行獲利的消息,2019年多家銀行甚至還創下獲利的歷史新高。銀行為何似乎不受影響,依然賺取大筆收入?

原因是,臺灣目前銀行的主要獲利來源,已不再是存放款之間的差額,而是其他項業務。套句某位不願具名的銀行業者的話,在低利率的現在,銀行業要持續經營「免不了鋌而走險」。

觀看多間臺灣國內銀行最新的獲利報告,我們可以發現,許多銀行的主要收入來源不再是貸款利息,而是「利息以外收入」。銀

---

[8]所謂的五大銀行是指臺灣銀行、合作金庫銀行、土地銀行、華南銀行及第一銀行等五家公股銀行。由於臺灣金融業長期受到控管,這些國營或官股主導的銀行規模大,對資本市場的影響力也大。五大銀行會配合政府政策調節資金,協助政府影響金融市場。

行業務演變至今, 已不限於收受存款與借款, 如今, 多數銀行還辦理信用卡業務, 並販賣基金、股票、保險等理財商品, 而在介紹這些理財產品給客戶時, 會向客戶收取手續費。這些手續費, 正是「利息以外收入」的主要來源。

臺灣多家銀行的營業重心, 在這二十年間, 從存放款業務逐漸過渡到財富管理部門, 介紹存款戶購買基金、債券、保險等理財產品, 賺取手續費。金融機構跨業經營固然可以產生範疇經濟 (economy of scope),[9] 增加多元收入, 並提供客戶多樣化金融服務, 但是營業重心轉移的背後原因, 與低利率環境脫不了關係。

對銀行來說, 經濟體資金充裕、貸款利率不斷降低之下, 存放款部門賺得的利潤愈來愈少, 需要開闢新的財源。對於存款者來說, 單純把錢放在銀行裡得到的利息太少, 不免希望有其他的管道, 讓閒錢能滋長更多財富。兩者一拍即合。

不過, 銀行財富管理部門持續壯大後, 相關的問題也開始產生。

誘導客戶頻繁更換基金, 與長期投資理念相違

在國外, 透過基金理財由來已久, 許多人透過定期撥款至基金帳戶, 以準備退休金。基金是指專業投資人集結多人的資金代為投資, 購買債券、股票等金融商品, 當基金規模較大, 資金總額較多時, 能購買的金融商品類別也可以增多, 較能達到分散風險的效果。

基金畢竟不是定期存款, 投資股票或債券總是具有風險。股市可能大漲、卻也可能大跌, 例如美國 2000 年代初期網路泡沫時期,

---

9範疇經濟指的是跨業經營所產生的綜效。

多家網路公司倒閉; 金融海嘯時期, 多家銀行股價大跌。不過, 長期來說, 投資股票所得到的報酬, 還是比將錢存放在銀行定存來得高, 在美國, 景氣好的時期, 股價變動帶來的報酬一年約可來到10%, 遠高於將錢放在銀行所能得到的利息。在臺灣, 上市公司慣常發放現金股利, 臺灣股票一年的平均股利報酬在4%左右, 大大好過定存的1%上下。

雖然在景氣不好的年份, 投資股票可能會遭遇鉅額虧損, 但若是長期投資個十年, 其中兩年景氣不好、八年景氣良好, 平均下來所得的報酬, 還是高於將錢單純存在銀行。

因此, 在美國, 若想增加退休金的金額, 政府及金融機構通常鼓勵民眾將錢長期提撥到基金中, 長久下來既可弭平景氣不好年份的虧損, 整體能存下的錢, 也比單純將錢存進銀行來得多。

但在臺灣的財富管理部門, 卻產生了不同的景況。

臺灣的銀行主要是透過手續費來獲取利潤, 亦即客戶購買新基金的當下, 銀行可以收取的「介紹購買費」。這樣的機制, 造成了銀行理財專員 (理專) 容易誘導客戶頻繁更換手中持有的基金, 讓銀行的手續費收入可以增加, 受害的卻是客戶本人, 因為基金更適合於長期投資, 而非短期頻繁地更換, 一來既耗費鉅額手續費, 二來可能也讓投資人的收益減少。

高風險商品充斥市面、臺灣保費占 GDP 比例世界第一

除了基金以外, 財富管理部門還銷售其他五花八門的理財產品。

由於臺灣的利率, 相對於許多國家來說水準較低, 許多銀行便推薦客戶, 將手上的資產轉換成外幣, 存到國外的銀行。2019年,

臺灣一年期定存利率約是 1%, 但美國的利率卻可以達到 3%, 南非幣的定存利率更是高達 5.5%。不過, 使用外幣進行存款, 很容易遇到匯率風險的問題, 就算將臺幣換成南非幣, 存到南非的銀行後, 一年可以得到 5.5% 的利息, 但假若當年度南非幣兌臺幣的匯率貶了 10%, 那麼投資人以臺幣計算的報酬, 反而是得不償失。

部分銀行近期還推薦客戶購買美國的公司債。這些公司債的利息雖然較銀行定存來得高, 不過公司債的價格與一個公司的違約風險息息相關。在臺灣, 我們或許能很輕易地知道台積電或中華電信的消息, 對於美國的英特爾 (半導體製造商) 或 AT&T (電信業), 卻不一定清楚, 貿然購買這些公司的債券, 有一定的風險。

相對於基金、外幣定存、公司債來說, 保險或許是一個風險較低的選項, 臺灣人愛買保險的程度, 稱得上是世界第一。根據瑞士再保險公司的研究顯示, 臺灣已連續 12 年蟬聯「保險滲透度全球第一」的寶座, 亦即臺灣保費占 GDP 的比例, 世界第一。

臺灣很受歡迎的一個產品是「儲蓄險」, 亦即把錢交給保險公司, 若干年後若沒有觸發理賠的條件, 投保人可以拿回更多資金。由於儲蓄險利率較銀行定存高, 保險公司給理專的「介紹費用」也高, 這項產品無論是對客戶或理專來說, 皆大受歡迎, 不過, 保險公司收了保費後, 是否真能透過投資賺取更多的錢? 保險公司哪天會不會面臨倒閉? 這點我們也不得而知。[10]

事實上, 我國政府有注意到這些狀況, 並要求銀行須改變部分

---

[10] 以過往案例來說, 由於臺灣政府對於金融業監管多、保護也多, 過去許多面臨倒閉的保險公司, 例如國華、國寶、幸福人壽等等, 政府皆有出手營救, 找其他公司接手該保險公司的保單。不過, 政府此一作為也容易造成保險業者的道德危機 (moral hazard), 不利臺灣保險業的長期發展。

銷售模式,例如2016年政府推出「基富通」基金平臺,讓民眾可以用極低的手續費購買基金; 2019年下半年則要求儲蓄險須提高費用,減少儲蓄險對民眾的吸引力。

不過,正所謂「上有政策、下有對策」,只要民眾對於高收益率產品的需求仍在,新的理財產品恐怕只會不斷誕生。例如,基金申購手續費降低後,部分銀行反而更加提高客戶的基金轉手率,以彌補減少的手續費收入; 2019年下半年,許多銀行則推行美國AT&T的47年長期公司債,如此長期限的公司債,風險其實相對高,畢竟沒有人能保證,AT&T在40年後是否仍在持續營運。

2000年之前,臺灣的定存利率泰半在5%以上,彼時的一般民眾,將錢放到銀行保管,便可以幾無風險地領到豐厚利息回饋。如今,民眾若想獲得相同高的利率,便得承擔更多的風險,可說是低利率政策的直接受害者。

殭屍企業: 日本經濟為何長年成長停滯?

低利率政策除了直接導致一般民眾的財產增值不易、以及需承受更高的風險之外,對經濟的長遠發展也有嚴重影響。

先前我們提到,日本泡沫經濟破滅以後,陷入了失落的三十年,經濟不再有起色,發展停滯。

一般而言,當景氣衰退,央行多會採取低利率政策,提振經濟回到正常水平。奇怪的是,日本央行在泡沫經濟後,雖然也採取同樣的措施,但日本經濟卻仍陷入長期停滯的狀態。

泡沫經濟後,日本央行在1995年將利率調降到1%以下,2001年至2006年,利率甚至只有0.1%的水準,但經濟依然沒有起色。在

一般的國家中,若央行長期實行寬鬆的貨幣政策,理論上通貨膨脹率會不斷上升,但在日本,甚至有好幾年產生「通貨緊縮」,也就是人民消費意願低落,國內的物價愈來愈低,日本央行努力為市場注入大筆資金,也沒什麼效果。

日本的奇特現象,讓許多經濟學家感到困惑,因為類似的狀況在歷史上相當少見。經濟學家推敲此現象的成因,認為一個可能的解釋是,泡沫經濟過後,日本充斥著殭屍企業。

當一家企業產生的利潤,僅能勉強償還債務利息,而無力償還債務本金時,我們便稱此企業為殭屍企業。這類企業,有些僅能靠不斷借款來維持存續;有些企業雖然能勉強營運,卻很難訂立還債以外的營運目標,在技術與創新上難有突破,可說是苟延殘喘。

日本泡沫經濟後的低利率政策,讓欠有大量債務的公司勉強借錢度日,但由於這些早已應該倒閉的公司依然繼續營運,反而造成日本企業難再創新,消耗了經濟體大量的人力與資源,經濟停滯不前。

因此,在日本的案例中,低利率對救經濟效果不大,可能還拖累了長期的經濟成長。

與此同時,對於日本的存款族來說,錢放在銀行能得到的利息很少,財富增值受限下,導致他們更不敢消費。從整個社會的角度來看,低利率政策傷害了大眾的存款利息,補貼了企業借款,讓沒競爭力的企業能繼續存活。

2008年金融危機過後,世界上許多國家踏上日本央行1990年代的老路,開始施行超低利率政策,借款變得容易後,「殭屍企業」在世界各地的蹤影愈來愈明顯。

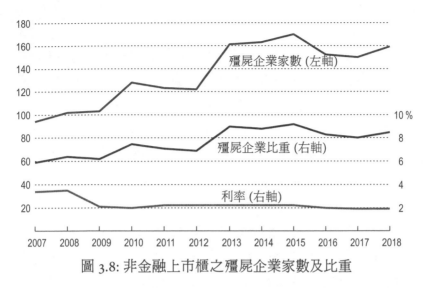

圖 3.8: 非金融上市櫃之殭屍企業家數及比重

殭屍企業比重為占上市櫃 (含興櫃) 公司之比率, 利率為五大銀行放款加權平均利率。資料來源: TEJ。

臺灣的殭屍企業

近年來, 臺灣的殭屍企業有逐步增多的趨勢。臺灣上市上櫃公司中, 2007 年有 5.9%是殭屍企業, 到了 2015 年, 殭屍企業的占比高達9.2%, 後來微幅下降, 2018年底約占 8.5% (參見圖 3.8)。

在我們的統計中, 一個企業若已成立十年以上, 而近來連續三年, 稅前息前淨利連償還貸款利息都不足的話, 即認定為「殭屍企業」。一般企業在草創期, 需要大量借款而還不出錢, 似乎情有可原, 但若一個企業已成立十年以上, 卻時常連利息都還不了, 我們合理懷疑該公司是否缺乏經營能力。當一個公司連貸款的利息都還不出來時, 便只能靠借新的款項、或發行新股來維持企業營運。

　　臺灣長期的低利率, 隱含著資金氾濫的事實。因為資金多, 借款利率低, 讓企業更容易透過借款維持營運, 而非被汰舊換新。

　　這些殭屍企業, 不免會占據臺灣一部分的人力、資金等生產資源, 拖累臺灣經濟的競爭力, 無法將資源發揮到最高效用。

　　臺灣央行近二十年來的低利率政策, 為臺灣經濟帶來高房價、殭屍企業增多, 及投資大眾追逐高風險理財商品等問題。央行政策縱使不是造成這些問題的唯一因素, 但對於這些問題的加劇仍負有一定責任。

　　央行之所以要長期維持低利率政策, 除了刺激景氣之外, 另一大原因是為了減少新臺幣的升值壓力, 而長期阻止新臺幣升值, 跟長期壓低臺灣國內利率一樣, 也對臺灣的經濟及國民的福祉帶來重大影響。

4
臺灣的匯率政策

每年兩次,美國財政部會公布「匯率操縱報告」,檢視美國的貿易對手國,是否有故意貶值貨幣的行為。

目前的認定條件有三: (1) 該國對美國貿易順差在12個月內超過200億美元, (2) 該國經常帳盈餘 —— 也就是貿易出超額加上本國人在國外的淨投資與勞務報酬 —— 超過GDP的2%, (3) 該國12個月內至少有6個月持續性、單方面地干預外匯市場,而且淨外匯購入金額在12個月內超過GDP的2%。

上述三個條件若皆符合,該國便會被認定為匯率操縱國; 若其中有兩項符合, 則可能被美國列在「匯率操縱國觀察名單」上。

簡而言之,匯率操縱國是指那些對美國出超嚴重、又故意貶值該國貨幣的國家。

1988年至1994年,臺灣、南韓與中國曾輪番出現在匯率操縱國名單上,但後來美方暫停列名二十多年。2016年4月,美國財政部又開始固定更新匯率操縱國觀察名單,這次上榜的,有中國、日本、南韓、臺灣、德國等國。臺灣在2016年10月與2017年4月又被列名匯率操縱國觀察名單,接著在2020年12月再度上榜。

每次匯率操縱報告發布前,臺灣媒體會推測臺灣這次可能符

合哪些條件。報告發布後, 若臺灣沒上榜, 輿論便會鬆一口氣; 若有上榜, 央行則會發出新聞稿, 澄清央行並無操縱匯率之嫌疑, 其他政府部門, 則可能宣布將增強對美國的採購, 以增加美國商品的進口, 減少臺灣對美國的貿易順差。

　　美國推出匯率操縱報告的用意何在? 臺灣央行為什麼這麼害怕上榜? 這得從上個世紀的貨幣歷史講起。

匯率操縱國

我們之前提到, 當一國的出口暢旺, 出口商會從國外賺回大量外幣, 到外匯市場上兌換本國貨幣, 導致本國貨幣升值。本國貨幣升值後,出口商賣出的商品競爭力會降低, 自然減少該國的出口數額, 在此同時, 由於升值促進進口的增加, 貨幣因此開始貶值, 最後達到一個新的均衡。

匯率運作機制

舉例來說, 假設華碩電腦公司出口了許多電腦賣到美國, 一臺定價1千美元。在1:30的匯率下, 1千美元能換到3萬新臺幣。若電腦出口持續增加, 華碩拿出愈來愈多賺得的美元, 到外匯市場上換成新臺幣, 導致匯率升高, 或許到了1:28的價位。華碩若不提高在國外的售價, 此時便只能賺到2.8萬新臺幣, 可能會減少大量出口的意願;若提高了在國外的售價, 華碩電腦在國外的銷量會比以往來得少, 兩者都會降低新臺幣繼續升值的壓力。

匯率操縱國

不過, 對於愛買國外商品的臺灣人, 便會覺得「賺到了」, 因為原本定價2千美元的蘋果電腦, 在1:30的匯率下要價6萬新臺幣, 現在新臺幣升值, 1:28的匯率下, 一臺蘋果電腦只需要5.6萬新臺幣。臺灣可能因此增加蘋果電腦的進口量, 外匯市場上對美元的需求提升, 造成新臺幣的貶值壓力, 或許會讓匯率貶回1:29或1:30。

因此, 在上述的情境下, 新臺幣兌換美元的匯率, 就在1:28至1:30之間浮動, 臺灣的淨出口也會呈現波動, 不會有長久持續的貿易順差或逆差。不過, 如果央行介入, 故事便會有不同的發展。

若央行堅持讓匯率維持在1:30, 那麼華碩就可以長久地以1千美元換到3萬元新臺幣, 不用擔心新臺幣升值侵蝕其獲利並進而減少電腦的生產量; 臺灣的「果粉」也比較難以便宜一點的價格購買蘋果電腦, 美國蘋果公司對臺灣的銷量也不會增加。[1]

臺灣央行阻止匯率升值的行為, 等同是用國家的力量補貼出口廠商, 讓臺灣出口商不用面對新臺幣升值後, 產品競爭力在國外下降的問題, 得以維持原有的生產與員工聘雇。對美國廠商來說, 他們面對的, 則是來自臺灣廠商的不公平競爭。美國政府為了國內的經濟發展, 自然也不樂見此事發生。畢竟蘋果公司能外銷多少電腦, 關係到的不僅是蘋果公司本身的獲利, 也關係到蘋果願意在美國雇用多少員工、花多少錢投資, 對美國的經濟有所影響。

為了減少臺灣政府對廠商的補貼, 美國政府可能會對臺灣施

---

[1]實際上的情況會比此處描述的更複雜, 因為華碩生產電腦會需要進口零組件, 臺幣升值會使這部分的成本下降, 總成本上升或下降需要看進口零件與本地勞工、廠房等成本兩者的比例; 蘋果電腦則是有一定品牌力, 價格對銷量的影響不一定大。此處的品牌名稱僅便於讀者容易理解, 因此我們先假設華碩與蘋果的銷量與價格僅受匯率影響。

加壓力, 要求臺灣央行不得干預匯率, 應讓匯率由市場決定, 以免造成臺灣與美國廠商之間的不公平競爭。

　　以上的例子, 便是美國財政部「匯率操縱報告」的由來。當一國被列為匯率操縱國, 有點像是一種警告, 要求該國政府不得繼續故意貶值貨幣, 若該國政府不調整行為, 美國便可能祭出「301 條款」, 透過提高關稅、商品進口限制, 以及減少政府對該國廠商採購等報復性措施, 強迫該國放棄對匯率的操弄, 並威脅該國進行貿易談判。

　　這正是 1980 年代末期的臺灣、南韓, 以及近幾年中國所面臨的景況。

1980年代臺美貿易紛爭背景

第一版的匯率操縱報告於 1988 年推出, 首二上榜的國家, 便是臺灣與南韓。

　　1960 年代末期, 臺灣開始對美國穩定出超, 每年對美國貿易的出口額都大於進口額, 除了 1973 年受石油危機衝擊短暫入超外, 其餘年份都保持著對美貿易出超。

　　從圖 4.1 可以看到, 1980 年代, 臺灣對美國出口擴張得更明顯, 進口卻沒等速成長, 造成臺灣對美國出超日漸擴大。1980 年, 臺灣對美國的出口金額是 68 億美元, 出超金額是 21 億美元, 到了 1987 年, 出口已達到 237 億美元, 出超更高達 160 億美元, 短短七年間, 出口成長至 3.5 倍, 出超則成長至近 8 倍。臺灣占美國貿易赤字 (美國與他國貿易的總進口額減掉總出口額) 的比例, 高達 13%, 南韓則約占 7%。

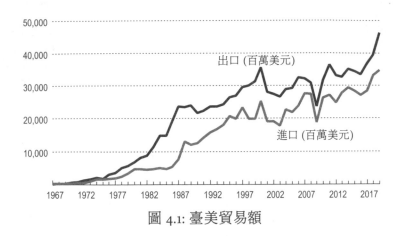

圖 4.1: 臺美貿易額

資料來源: 主計總處。

　　1978年之前, 新臺幣兌美元維持著固定匯率, 1978年後, 央行開始採取浮動匯率制度。理論上, 浮動匯率制度是讓市場供需來決定匯率, 市場對新臺幣的需求大, 新臺幣便會升值, 對美元的需求大, 新臺幣便會貶值。

　　不過, 臺灣政府在開放之初, 對匯率市場依然有諸多管制, 例如限制每日新臺幣的匯率變動不得超過1%; 匯率的高低, 更是由央行與銀行「討論」出來的, 政府依然沒完全放下對匯率的控制。

　　同時, 為了維持臺灣製造的產品在國際市場上擁有競爭力, 央行試著阻止新臺幣的升值, 甚至故意貶值。不過, 當時出口商持續對美國大量出超的情況下, 外匯市場上以美元換取新臺幣的需求相當大, 央行為了維持匯率、阻止新臺幣升值, 勢必得出手買下出口商手中的美元, 造成臺灣的外匯存底不斷增加。

　　彼時, 臺灣除了控制匯率外, 也對進口產品課徵較高關稅, 相對來說, 美國則給予臺灣低關稅的優惠。美國為了減少貿易赤字, 減

少本國的就業流失,開始持續向臺灣施壓,以禁止臺灣商品賣到美國、提高關稅等措施威脅臺灣,要求臺灣升值新臺幣並降低關稅,讓臺灣與美國雙方的廠商能站在較平等的位置上競爭,減少美國的貿易赤字。

1985年起,有關「中美貿易摩擦」的新聞,屢屢見於臺灣的報紙版面。1985年8月22日,《中央日報》即報導美國國會議員杜爾(Robert Dole) 訪臺與國貿局局長蕭萬長會談,杜爾「盼加速開放市場, 促進中美貿易關係」, 新聞報導的旁邊, 還有一篇評論認為「平衡美中貿易差距,雙方皆須負起責任」。

不過, 當時的「中」代表的是「中華民國」,也就是臺灣政府。

美國在要求貿易對手國放棄干預匯率、降低關稅時,時常搭配動用的法律是「301條款」,授權美國總統對他國展開提高關稅、撤銷貿易優惠等措施。

啟動301條款的背景各異, 有時候是與特定國家的貿易赤字太大 (如1980–90年代的日本), 有時候是智慧財產權的問題 (如近期的中國), 有時候, 則是因貿易對手國干預匯率, 造成兩國貿易條件不平等。

對於干預匯率的貿易對手國, 美國財政部的「匯率操縱報告」,算是301條款啟用前的「警告書」,若一國被認定為匯率操縱國, 301條款的啟動便在不久之後。

1980年代末期,臺灣與南韓雙雙被列為匯率操縱國,便是美國施加壓力, 威脅啟動301條款, 要這兩國放棄對匯率的干預,讓匯率大幅升值。

在美國的不斷施壓下, 臺灣同意調降關稅, 並鬆開對匯率的管

制，新臺幣開始大幅升值，美元兌新臺幣的匯率，從1985年底的40
元，一路升值到1989年中的25.4元，臺灣對美國的貿易順差也開
始下降。

1993年，臺灣正式從「匯率操縱國」名單除名，當年3月25日
《中央日報》報導，時任美國總統的柯林頓 (William J. Clinton) 也
表示滿意「中 (臺灣) 美逆差大幅改善」。

1995年，世界貿易組織 (World Trade Organization, WTO) 成
立，美國暫緩使用匯率操縱國指控以及301條款的搭配，盡量都在
WTO 的框架下解決貿易爭端。1995年之後的二十年，美國的貿易
赤字持續擴大，許多國家「暫緩升值」的貨幣策略也沒有停止，不
過美國暫時選擇睜一隻眼閉一隻眼。

一直到2016年初，美國才重新啟動「匯率操縱報告」的調查。
當年年底，川普當上總統，揚言打擊美國對中國貿易赤字的他，又
開始以關稅要脅，要求中國放手讓人民幣升值，以降低兩國之間的
貿易差額。

捲土重來的匯率操縱報告中，除了中國以外，日本、南韓、臺灣、
德國也在觀察名單之列。評論者一般認為，這份名單是衝著中國
而來，但被點名的幾個國家通常不敢大意，害怕被美國施行貿易報
復，而會盡量採購美國貨品或減少匯率干預，讓自己早日從觀察名
單上除名。

「中美貿易談判」的新聞又重回臺灣的報紙版面上，當然，這次
的「中」，指的便是中華人民共和國了。

不過，中國政府雖然自從改革開放、大幅提升對外經貿後，便持
續干預匯率、阻止人民幣升值，但事實上，若以外匯存底成長幅度

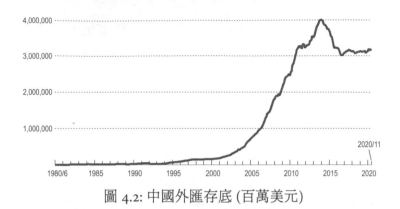

圖 4.2: 中國外匯存底 (百萬美元)

資料來源: Federal Reserve Economic Data。

來衡量, 2014年之後, 中國政府對於阻止人民幣升值的干預已少了很多, 近年來反倒常見阻止人民幣貶值的行動。根據圖 4.2, 在 2014年6月到2017年2月間, 中國的外匯存底有顯著的下降。

雖然中國在2016年後被指認為匯率操縱國, 究其原因似乎是美國啟動貿易談判前的籌碼, 而可能較少是因為中國人民銀行 (中國央行) 實際的外匯干預行為。事實上, 觀察名單上的其他國家, 匯率操縱嫌疑似乎更大。

國際知名財經雜誌《經濟學人》在 2017 年 5 月的報導上便寫道, 「對美國來說, 尷尬的是, 它在亞洲的兩個盟友, 匯率操縱評分上, 都比中國要來得嚴重: 南韓, 以及更明顯的, 臺灣。」

臺灣的匯率干預

過去二十年, 臺灣央行是否有操縱匯率的嫌疑?

臺灣的匯率干預

若直接把這個問題拿去問央行, 央行的回應會是「僅作適當干預」、「維持新臺幣匯率動態穩定, 而非阻升不阻貶」或「央行進場僅減緩匯率過度波動, 而不會也沒有能力扭轉匯率趨勢」。

就文字上理解,「減緩匯率過度波動」但「不扭轉匯率趨勢」的意思應該是, 當匯率突然狂升或狂貶時, 央行會出手干預, 讓匯率不要波動得太過, 但長期來說, 匯率是升值或貶值, 央行不會刻意扭轉。

一般來說, 外匯市場上最大宗的交易者, 通常是投資人, 他們多半是看準某一國的利率、股市或貨幣升貶值的潛能, 而將金錢大筆匯進該國投資, 也就是所謂的「熱錢」。熱錢進出很大時, 難免會造成匯率的波動, 但匯率過度波動, 會導致進出口商較難做出生產與進口的決策。

以本章開頭華碩生產電腦的例子來說, 假設生產一臺電腦的總成本是 2.6 萬, 當匯率是 1:30 時, 華碩認為 1 千美元 —— 也就是 3 萬新臺幣的定價很合理。不過, 若熱錢大量湧入, 造成新臺幣突然升至 1:25, 等於華碩將賺來的美元換成新臺幣時, 得到的錢只有 2.5 萬, 比成本還低, 血本無歸。

對蘋果電腦的進口商來說, 當匯率是 1:30 時, 進口 2 千美元 —— 也就是 6 萬新臺幣的蘋果電腦, 定價 6.5 萬很合理。不過, 若匯率貶值到 1:35, 進口的成本價就升到 7 萬新臺幣, 比賣價還高了。

突然的升值會損害到出口商, 突然的貶值則會傷害到進口商。所以理論上來說, 央行若要做到「公正公平」, 便是在匯率突然升值或貶值時都出手干預, 但長期來說, 央行不應該阻止新臺幣升值或貶值的趨勢, 而是交給市場來決定。

不過, 觀察央行這二十年來的做法, 央行「阻止新臺幣升值」的傾向, 似乎比「阻止新臺幣貶值」來得多很多。

從報章雜誌與學術研究看央行匯率干預

關注財經新聞時, 我們常可以看到「央行進場護盤阻升, 新臺幣守住30元大關」, 或「央行出手阻貶, 新臺幣小跌0.05元」等標題, 如果央行對突然升值與突然貶值都平等干預的話, 理論上「阻升」與「阻貶」的新聞數量應當差不多。

但實際翻看報紙後, 這兩類新聞的數量差距相當大。

若簡單以「阻升臺幣」做為關鍵字, 搜尋聯合報系最近十年間的新聞, 可以查到159筆資料, 但若以「阻貶臺幣」為關鍵字, 得到的只有28筆資料。曾有學者檢視2001年4月至2003年8月央行干預匯率的新聞報導, 發現140篇新聞中, 有104天央行忙著阻止新臺幣升值, 僅有36天在阻止新臺幣貶值。

以「阻升不阻貶」為關鍵字搜尋臺灣 1950–2020 年的新聞報導, 此一名詞最早出現在 2001 年 12 月 19 日的中央日報, 是彭淮南接任央行總裁的第4年間。

央行「阻升不阻貶」, 似乎成了輿論形容彭淮南時代的匯率政策時, 一個共識的形容詞。

以學術研究來說, 雖然少數論文認為央行沒有干預匯率走勢,[2] 但大多數的研究都認為, 臺灣央行自1997年起, 時常有干預外匯

---

[2] 有趣的是, 少數發現央行沒有干預匯率的研究, 均有央行研究人員參與其中。參見吳致寧等 (2011)、吳致寧等 (2012), 以及林依伶, 張志揚, 與陳佩玕 (2012)。

的行為。

例如,本書的兩位作者在一系列的研究中發現,央行大致在1998年至2010年間執行匯率貶值政策,並有「阻升不阻貶」之行為; 其他學者亦有類似的發現; 更有甚者,部分研究還發現央行不僅阻升新臺幣,甚至有「助貶」新臺幣匯率的行為。[3]

本書不會詳細闡述學術論文內複雜的數學模型與分析, 但還是可以帶領讀者用較簡單好懂的方法,一窺央行干預匯率的痕跡。

從「拉尾盤」看央行匯率干預

臺灣央行干預新臺幣匯率, 一個明顯的動作是所謂的「拉尾盤」。

若我們觀察臺北外匯市場美元兌臺幣的匯率走勢, 會發現一個奇怪的現象: 有某些新臺幣升值力道強勁的交易日,下午3點半至4點之間, 也就是臺北外匯市場交易的最後半小時,新臺幣會突然大幅走貶, 但到了隔日開盤,價格又會跳回前一日下午3點半之前的水準。

也就是說,若當日新臺幣走升, 交易終場時新臺幣時常突然走貶,縮小當日開盤到收盤的升值幅度,被市場稱為「拉尾盤」。我們可以透過圖4.3進一步瞭解什麼是拉尾盤。圖4.3中畫出2015年到2021年臺灣外匯市場每日美元兌新臺幣匯率 (USD/TWD) 的盤中最高價與收盤價之間的差距 (5日平均值)。若差距為正,代表新

---

[3]關於本書兩位作者一系列的研究, 詳見陳旭昇與吳聰敏 (2008)、陳旭昇與吳聰敏 (2010)、陳旭昇 (2016), 以及陳旭昇 (2019)。其他確認央行「阻升不阻貶」的研究, 詳見姚睿, 朱俊虹, 與吳俊毅 (2010)、張興華 (2013), 以及柯秀欣 (2018)。關於央行「阻升助貶」的研究, 詳見陳旭昇與吳聰敏 (2010)、姚睿, 朱俊虹, 與吳俊毅 (2010), 與吳若瑋與吳致寧 (2013)。

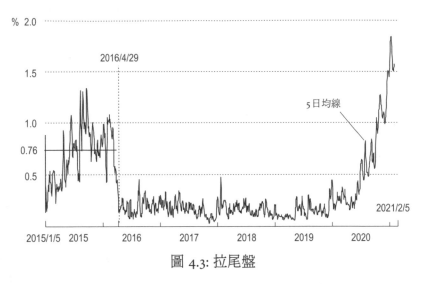

圖 4.3: 拉尾盤

資料來源: 收盤價, 中央銀行; 盤中最低點, Bloomberg。

臺幣的收盤價低於盤中最高價, 也就是新臺幣盤中最高價到收盤價的貶幅。這個貶幅可能是市場的力量所致, 也可能是央行戮力所為。

　　美國財政部在 2016/4/29 的匯率報告第 25 頁中, 特別點名臺灣在 2015 年大部分的交易日以拉尾盤的方式阻止新臺幣升值, 並強調這樣的做法與臺灣央行所宣稱的「動態穩定」政策並不一致。[4]

---

　　[4]報告的原文如下: "Treasury estimates that Taiwan's authorities continued to make net foreign currency purchases through most of 2015. Moreover, intraday foreign exchange activity suggests that the central bank continued to intervene regularly at the end of the trading day through most of 2015 to weaken the currency. These actions suggest intervention mainly to prevent appreciation of the NTD, which would not be compatible with Taiwan's stated currency policy to smooth volatility and intervene only when

有趣的是,如果我們以這份匯率報告的發布日 (2016/4/29) 為分界點,觀察發布前與發布後的盤中最高價到收盤價的貶幅,會發現報告發布前 1 年的平均貶幅約為 0.76%,但是發布後的 2016–2020 年間,平均貶幅顯著下降到 0.17%。[5]

　　透過以上的觀察,或可推論出,造成新臺幣短暫而突然貶值的幕後推手,正是臺灣央行。從 2010 年起,便不時有媒體報導,臺北外匯市場在收盤前的突然貶值,是來自臺灣央行的操作。

　　根據中央社 2010 年 12 月的報導,臺灣央行在當年初開始規定銀行不可以在尾盤時交易,臺北外匯市場雖然表定 4 點收盤,但到了最後幾分鐘,事實上一般投資人無法進場交易,僅由央行訂定收盤價,並指使公股行庫用收盤價進行外匯交易。

　　彭博新聞 (Bloomberg) 2015 年 7 月的新聞則指出,臺灣央行在 2013 年 7 月曾電告各家金融機構交易室,下午 3 點半之後便不能在外匯市場進場交易,後來甚至會在 3 點前後便催促各交易員盡速完成手上交易。

　　由於尾盤的價格是被臺灣央行「創造」出來,實際上一般投資人或金融機構並無法以尾盤匯價進行換匯,且收盤價格脫離市場真正的成交價格,到了隔日開盤之後,新臺幣往往又會回復拉尾盤之前的價格與走勢。舉例來說,若昨日美元兌新臺幣的開盤匯價是 1:30.5,到了中午,美元兌新臺幣漲到 1:30,尾盤由於央行的干預,變成以 1:30.3 收尾,但到了隔日開盤,匯價往往又會回到 1:30 附近。

---

the market is 'disrupted by seasonal or irregular factors.' "

　　[5]由圖 4.3 中亦可看出,2020 年下半年,央行似乎又重操拉尾盤的舊業。

因此, 各金融機構往往不會以臺北外匯市場的收盤價, 來評估外幣資產的價值。根據《經濟日報》2011年1月的報導, 多家會計師事務所表示, 他們多半使用「實際可供交易的匯率」編製財務報表; 彭博新聞2015年的報導則寫道, 僅有1/6的交易員會參考臺北外匯市場的收盤價評估手上的資產價值。

既然拉尾盤對於實際匯價的影響力不高, 拉出來的匯率也缺乏參考價值, 臺灣央行為何還要鍥而不捨地拉尾盤? 一個可能是, 央行想藉由拉尾盤, 暗示市場其對匯率走勢的看法, 不斷地在尾盤貶低匯率, 間接表達臺灣央行阻升新臺幣的決心, 進而影響市場對於新臺幣匯價的預期。

從拉尾盤的行為, 我們可以看到臺灣央行對於阻止新臺幣升值的偏好。不過, 拉尾盤對於市場實際匯價的影響不大, 臺灣央行最主要干預新臺幣匯率的方式, 還是直接在外匯市場上購買外匯, 阻止新臺幣持續升值。這些買進的外匯, 會進到央行的外匯存底內, 因此, 要觀察臺灣央行的干預外匯行為, 另一個觀察的重點, 就是外匯存底的增加幅度。

從外匯存底看央行匯率干預

如果央行沒有公布其外匯干預的買賣金額, 國際上在推算央行有沒有操縱匯率時, 通常是觀察該國的外匯存底是否有變化。

上一章我們提過, 臺灣央行若想讓新臺幣升值, 或是阻止新臺幣貶值, 會在外匯市場上賣美元、買進新臺幣; 想讓新臺幣貶值, 或是阻止新臺幣升值, 則會在外匯市場上買進美元, 釋出新臺幣。

臺灣的匯率干預

被央行買進的外幣,會存在外匯存底內,使外匯存底增加;而央行需要賣出美元穩定匯價時,則會將外匯存底中的外幣釋出,減少外匯存底。

若央行完全不干預外匯市場,讓市場的供需自行決定匯率,那麼除了來自孳息收入的穩定成長外,外匯存底不會有太大的變化;若央行對突然流入或流出的熱錢皆進行干預,那麼長時間下來,外匯存底應是有上升也有下降,但存量不會變動太大。

相對來說,若央行長期阻止本國貨幣升值,或故意讓本國貨幣貶值,央行買進外幣的頻率高,外匯存底便會增加。若央行長期阻止本國貨幣貶值,或故意讓本國貨幣升值,央行賣出外幣的頻率大,外匯存底便會降低 —— 不過,對央行來說,比起操作阻止貨幣升值,長期阻止貨幣貶值較不容易做到,因為在外匯存底有限之下,央行很難持續賣出外幣,且容易受到國際投機客的攻擊,央行往往到最後還是會被迫放手讓貨幣貶值。

當然,央行干預外匯市場,並不是外匯存底變化的唯一原因。外匯存底的增減,還有兩個主要的影響因子:一來,臺灣的外匯存底中,除了美元以外,還有歐元、日圓等他國貨幣,每種貨幣對新臺幣或美元的漲跌,會影響外匯存底換算成新臺幣或美元的價值。假設美元兌新臺幣匯率不變,但歐元兌美元大漲,那麼儘管外匯存底內的歐元沒有增加,以美元計價的外匯存底也會增加。

二來,央行在外匯市場買進外幣後,並不會單純持有現金,而是會把這些外幣拿去他國購買債券等投資,這些投資的報酬,也會計入外匯存底內。

不過,以上兩種途徑,對外匯存底的增減幅度影響較細微,若

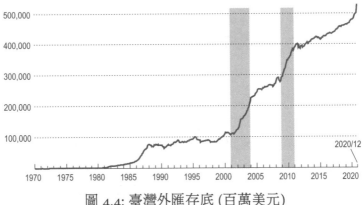

圖 4.4: 臺灣外匯存底 (百萬美元)

資料來源: 臺灣央行。

外匯存底有巨幅的增加與減少, 通常是央行長期且頻繁地干預外匯市場所致。

　　觀看臺灣外匯存底近 30 年的變化 (圖 4.4), 可看出兩段外匯存底升幅特別明顯的時間, 分別是 2001 年至 2004 年, 以及 2009 年至 2011 年, 恰好跟美國網路泡沫以及次貸風暴的景氣衰退期重合。

　　臺灣央行究竟為何刻意壓低新臺幣的匯率, 我們無從得知, 但一般的推測是, 臺灣央行希望藉由貶值刺激出口, 以維持臺灣的經濟成長。傳統上, 臺灣的經濟相當依賴出口產業, 若出口暢旺, 整體經濟便不會太差。由於倚賴出口, 世界經濟的情勢 —— 尤其是主要貿易對手國的景氣, 也會對臺灣經濟造成重大影響。臺灣央行之所以會選在美國景氣衰退時期買進大量外匯、阻止新臺幣升值, 一部分原因可能是想要透過增加出口來救經濟。

　　不過, 2009 年至 2011 年間, 進行「阻止升值」策略的, 不僅僅是臺灣。當時, 世界上許多國家, 都在嘗試貶值自家貨幣。貶值行動

遍及全球, 規模之巨大, 巴西當時的財政部長曼特加 (Guido Mantega) 宣稱各國已進入「貨幣戰爭」, 引來國際間廣大的回響。

貨幣戰爭

2008年美國爆發金融風暴後, 聯準會推出「量化寬鬆」政策, 不僅將利率調到接近 0%的水準, 還大筆買入公債與房貸擔保證券, 為金融市場提供史無前例的流動性。

美國量化寬鬆後, 由於國內的利率極低, 許多美國資金開始轉往其他國家投資, 在各國外匯市場上大量賣出美元, 造成美元貶值、其他國家貨幣升值。

美元貶值後, 理論上對美國製造出口商有利, 讓美國產品更有競爭力, 有助於美國的景氣復甦。不過, 世界上其他國家也在打相同的算盤。

大多數的國家, 都不希望本國貨幣過度升值, 以免傷害到製造出口商, 因此, 各國央行在美元貶值後, 多多少少都有透過干預匯市, 或調整國內貨幣政策 —— 也就是將利率調降, 以減少熱錢流入的規模 —— 讓本國貨幣不要大幅升值。

臺灣、日本、瑞士等國的外匯存底, 在美國量化寬鬆後, 都曾大幅增加, 表示這些國家的央行皆努力干預外匯市場, 阻止本國貨幣兌美元的匯率升值太多, 傷害到本地的出口廠商。

各國貨幣競貶之下, 似乎很難有真正贏家, 到頭來彼此之間的匯率可能差異不大, 但各國都被迫要跟隨美國降低利率的貨幣政策, 以防止過多熱錢流入。

這就像是一場「看誰攀樹爬最高」的比賽, 當一個人往上攀爬 10 公分, 其他人也會跟著往上爬 10 公分, 讓原本拉大的差距又縮小。最終大家只是愈爬愈高, 卻沒有人占到便宜。

經濟學上, 時常稱貶值本國貨幣的行為是「以鄰為壑」(beggar-thy-neighbour)。貶值自家貨幣、可以促進國內出口暢旺、帶動經濟成長; 但相對升值的貿易對手國, 面臨的卻是出口廠商倒閉、失業率上升等景況。這也是先前提到的, 為何美國會用貿易制裁手段, 要求其他國家不可操縱匯率。

匯率干預的效果

不過, 近來經濟學家發現, 貶值救出口、救經濟的做法, 效果似乎愈來愈弱。

2013 年, 安倍推出「安倍經濟學」, 意圖透過量化寬鬆拯救日本停滯二十多年的經濟, 除了想在國內製造通膨外, 也藉此貶值日圓匯率, 美元兌日圓的匯率。從 2012 年中的 1:80, 一路貶到 2015 年的 1:120。不過, 日圓大幅貶值後, 日本的出口與經濟成長率似乎沒有明顯的起色。

2016 年初,《經濟學人》統整世界銀行與國際貨幣基金組織的研究指出, 現今「貶值救出口」的效果愈來愈不明顯, 主要原因是全球製造業極度分工。

在如今的製造業, 很少有國家從頭到尾製造一件產品, 而是每個國家負責其中的一小部分零件或設計。舉例來說, 蘋果雖然是美國廠商, 但蘋果手機的製造, 卻需要倚賴大立光的鏡頭 (臺灣)、

三星的螢幕 (南韓)、富士康的組裝 (中國),才能製造完成。

因此,一個國家的貨幣突然貶值,短期內該國廠商也很難真正打入某個既有的零件供應鏈中;另一方面,由於製造產品的過程中,需要從各國進口各項零件,一國貨幣貶值後,進口他國零件的成本會變高。以日本廠商為例,如果日圓貶值,雖然日本廠商出口貨品後,賺得的外幣可以換回更多日圓,但由於進口的零件也變得比較貴,商品價格減去成本,賺到的利潤不一定比以前多上太多。

「貶值救經濟」的這條道路,效果已不如以往。不過,臺灣更要注意的是,長期的貶值政策,可能還會對經濟造成其他損害。

產業升級受阻

一如前述,由於製造業的全球分工,許多製造業廠商是進口半成品後進行加工。不過,臺灣廠商除了進口半成品以外,許多機械設備也要從國外進口,因此,當新臺幣貶值,臺灣廠商獲取新設備的成本也會提升,部分廠商可能因此決定暫緩或乾脆不購置新設備。

更重要的是,最新技術的設備,通常是由先進的已開發國家所生產,新臺幣貶值後,這些高科技設備的成本變得更高、更加阻礙廠商購買高科技設備的能力與動機。如此一來,對臺灣廠商產業升級的速度有負面影響。廠商若不能及時更新設備、跟上最新技術,久而久之會導致技術與製造能力落後,利潤也比不上他國廠商。

研究顯示,貶值政策會導致一國研究發展的支出降低,貨幣貶值愈嚴重的國家,研究發展的支出愈少。研究發展支出跟科技進步、產業升級息息相關,一國的研究發展支出高,代表該國對研發

的重視與投入的資源多, 較有可能讓該國的科技水準提升, 在技術方面勝過其他國家。[6]

綜上所述, 臺灣長期的貶值政策, 可能正是臺灣廠商近年產業升級進展不佳的原因之一。

哈佛大學經濟學家羅德里克 (Dani Rodrik) 的研究曾提到, 貶值政策雖然有助於開發中國家刺激經濟成長, 但對所得已經達到特定水準的先進國家, 貶值政策已對經濟成長沒有幫助。[7] 在羅德里克的論文中, 特別指出臺灣即屬於貶值已對經濟成長沒有幫助的高所得國家。

長期而言, 一國的經濟要成長, 終究得靠科技創新、生產力提升來達成。貶值或阻止升值的匯率政策, 可能短時間內可以減輕出口廠商的負擔, 但終究不是經濟持續成長的長久之道。

央行持續阻止新臺幣升值或故意貶值的政策, 讓出口商成為經濟體中的重要勢力, 並在社會上有較大的聲量。不過, 一國的人力與資金等資源有限, 當國內的大半資源都投注在出口產業時, 金融業、內需產業、服務業等其他產業, 無論是人力或資金, 或多或少都會受到出口產業的排擠。

臺灣許多出口廠商的確擁有高科技、高效能, 在世界上的競爭力名列前茅; 不過, 也有部分廠商獲利能力很差, 毛利率僅在5%以下, 媒體往往以「茅山道士」(毛利率3%到4%)、甚至是「坐一望二」(毛利率1%到2%) 戲稱。新臺幣只要升值幅度稍大, 便會吃掉他們僅有的獲利。貶值政策其實是犧牲全體消費者的權益, 來嘉惠出

---

[6]參見 Chen (2017)。

[7]參見 Rodrik (2008)。

口廠商, 我們透過貶值政策來為這些廠商「續命」, 其實對經濟整體的健康成長並不是好事。

人才外流

開發中國家往往挾其人力便宜、環保法規鬆散等優勢, 吸引國際大企業前往投資設廠, 並轉移生產技術, 開發中國家憑藉這些現有技術, 一步步產業升級, 提高國家生產力與收入。對已開發國家來說, 若不想被開發中國家追上, 僅能不斷研發創新, 發明新的技術, 才能在產品製造上獲得較多利潤, 維持國家競爭力。

臺灣產業升級不力, 會導致臺灣與其他開發中國家的技術水準差距愈來愈小, 甚至被超越, 廠商失去競爭力, 自然壓縮獲利率, 臺灣之所以有許多「茅山道士」與「坐一望二」, 與產業升級不力脫不了關係。

廠商利潤下降, 企業能分給員工的薪資自然也被壓縮。從圖 4.5 可看到, 近二十年來, 臺灣勞工的薪資成長停滯, 而背後原因之一, 很可能是產業升級不力。[8]

薪資不成長, 容易讓部分勞動力遠走他鄉, 到其他國家追求更高的薪資, 或更有前景的工作。由於臺灣產業升級進度緩慢, 許多高階人才在國內也少有發揮舞臺, 更有可能前往他國發展事業, 而優秀人才的流失, 更讓臺灣產業升級的動能雪上加霜。

---

[8]根據文獻, 其他原因包括全球化與自動化。最近有學者提出新的看法, 認為臺灣實質薪資成長停滯的主因來自臺灣貿易條件惡化 (林依伶與楊子霆, 2018), 而後續研究發現, 新臺幣貶值亦為臺灣貿易條件惡化的主因之一 (陳旭昇, 2020)。

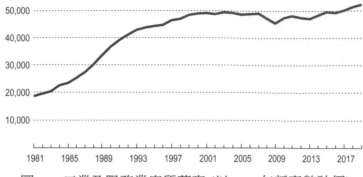

圖 4.5: 工業及服務業實質薪資 (以2016年新臺幣計價)

資料來源: 主計總處。

臺灣薪資競爭力低

除了產業升級不力導致國內薪資成長緩慢外, 臺幣名目匯率長期被低估, 導致臺灣國內薪資水準輸給鄰國, 也是造成臺灣人才外流的另一個原因。

　　第2章曾提到, 近二十年來, 臺灣名目匯率人均GDP, 與購買力平價人均 GDP 的差距愈來愈大。臺灣人若不出國, 或不消費進口產品, 在國內享受的生活水準其實相當好, 全世界排名前 20, 勝過日、韓等國。不過, 若臺灣人想拿著辛苦工作存下來的錢, 到國外度假消費, 或將錢匯往海外投資時, 臺灣的優勢便完全轉了個彎。

　　根據國際貨幣基金組織的統計資料, 2019年, 日本名目匯率人均 GDP 是4.1萬美元, 南韓是3.1萬美元, 臺灣則是2.5萬美元。因此, 日本、南韓與臺灣的月所得分別為3,400美元, 2,600美元, 以及2,100美元。

　　假設今天有一群好友分別來自日、韓、臺三國, 要前往夏威夷度

匯率干預的效果

假, 6,800 美元的旅費日本人平均需要存 2 個月的薪水、南韓人平均要存 2.6 個月的薪水, 臺灣人則需要存到 3.2 個月的薪水。

除了出國旅遊時, 臺灣人比較吃虧外, 臺灣持續的低匯率, 也間接造成臺灣吸引國際人才不易, 且大量年輕人為了追求更好的薪水, 選擇離開臺灣, 到美國、日本、新加坡、香港等名目薪水更高的地方工作。

根據行政院主計總處統計, 2005 年, 臺灣海外工作的人數約 34 萬人, 2017 年成長到 73 萬人, 十幾年間, 選擇到海外工作的臺灣人翻倍。然而, 臺灣身為全球生育率最低的國家之一, 青壯年人口在未來會愈來愈少。在人口減少之下, 卻仍然有大量年輕人選擇到海外工作, 將來很有可能使臺灣的勞動市場出現龐大缺口。另一方面, 優秀人才的外流, 也會讓臺灣本地企業較難雇用到優秀人才, 影響產業競爭力與經濟發展。

臺灣的低所得, 除了造成本國人選擇到海外工作外, 對於吸引優秀人才到臺灣工作, 也造成很大阻力。

以臺灣的高等教育為例, 近年, 臺灣的大學師資外流之相關新聞時有所聞, 許多人將原因歸咎於臺灣教授薪水相對低於其他國家。雖然以臺灣教授約 10 萬元的月薪, 在臺灣已經能過上很不錯的生活, 但若跟日、韓, 或是香港、新加坡比起來, 名目匯率換算之下薪水還是相差兩到四倍左右。

師資外流之外, 臺灣的大學院校給出的薪水, 對國外學者來說, 吸引力也較鄰國為低。在國際化的時代, 許多人會輾轉工作在不同國度, 個別國家不一定是職涯的終點, 因此, 各國的薪資水準還是會對工作者的選擇造成重大影響。畢竟薪資高低, 關係到這份

工作能存下的存款有多少, 而且一般人在抉擇該前往哪處工作時, 主要在意的也往往是名目薪資水準, 較少考量到各地物價因素, 臺灣很可能在此背景下, 流失了、也吸引不到優秀人才。

這種難以吸引人才的狀況, 長期下來可能會讓臺灣的競爭力, 離鄰國愈來愈遠。競爭力下降, 對經濟的長遠發展所造成的傷害是深遠的。另一方面, 長期貶值的政策, 除了對吸引優秀人才帶來障礙, 對於整體產業的發展, 也會帶來其他負面影響。

簡而言之, 在新臺幣匯價被長期壓低的情況下, 產業升級不力與人才流失, 可能成為互相影響的惡性循環。

央行長期阻升新臺幣的政策, 雖然在過去或許能讓出口廠商穩定獲利、創造就業機會與經濟成長, 但隨著臺灣的經濟到達已開發國家的階段, 阻升政策所帶來的成本, 也一一浮現。臺灣人的所得比不上鄰國、人才流失、產業升級速度緩慢、經濟過度倚賴出口等問題, 可能都是受到彭淮南時代以來, 央行匯率政策的影響。

貶值政策除了帶來上述問題外, 也迫使臺灣央行在國內實行低利率政策, 以減輕新臺幣的升值壓力; 另一方面, 如同圖 4.4 所示, 長期以來的干預匯率行動, 使得我國央行累積了大量的外匯存底。這些外匯存底的管理以及應用, 亦值得我們進一步加以關注 —— 臺灣央行高達 5,000 多億美元 (約 15 兆新臺幣) 的外匯存底, 可說是全國甚至是全世界最神祕的鉅額資產之一。

5

外匯存底

央行的外匯存底，稱得上是全臺灣規模最龐大、卻最神祕的一筆資金。2020年12月底，央行官方公告擁有 5,299 億美元的外匯存底，約合新臺幣 15.1 兆，相較之下，臺灣規模最大的金融控股公司——國泰金控，同時期總資產還未達新臺幣 11 兆元。

放眼全世界，臺灣央行的資產規模也不容小覷，根據主權財富基金研究所 (SWFI) 的統計，臺灣央行擁有的資產，名列全球百大基金之中。同樣列名榜上的有美、日、瑞士、德國、印度等國的中央銀行，高盛、花旗等私人金融機構，以及挪威退休基金 (Government Pension Fund of Norway)、新加坡投資公司 (GIC) 等主權基金。

不過，跟榜上的其他機構相比，臺灣央行的資產相對不透明。

以私人機構來說，各國政府皆有規定，上市公司需要在財務報表內揭露投資了哪些資產，並且須經由獨立的第三方會計公司來審核財報的正確性；雖然許多主權基金的運作透明度較低，但是仍會公布投資了哪些標的。以全球最大的主權基金：挪威退休基金來說，該基金官網記錄著每時每刻的旗下資產市值變化，並公告每一筆投資項目。

　　至於其他國家的央行, 近年在資產運用上, 也揭露得愈來愈透明。以美國為例, 聯準會每季定期公布持有的債券項目, 以及外匯資產投資在哪些國家的公債。

　　相較之下, 臺灣央行從未公布外匯存底投資了哪些標的。外匯存底是屬於臺灣國民的財富, 但民眾卻對外匯存底的實際運用狀況一無所知, 也沒有外部的會計師事務所, 以一般會計準則對央行的財務報表與投資進行查核。

　　更有甚者, 臺灣央行的外幣資產, 除了眾所周知的外匯存底外, 尚有不為人知的1,400億美元, 以其他形式隱藏在央行的資產負債表外, 而沒有計入官方外匯存底的統計中, 直至2020年3月, 才在多方的壓力下正式公告。[1]

　　外幣資產的實際金額撲朔迷離、央行持有的資產組合也至今未見公開, 似乎與近來講求政府應公開資訊、力求透明的世界潮流相違; 另一方面, 臺灣央行擁有大量的外幣資產, 對於整體經濟的發展來說, 是福抑或是禍?

　　本章將一一揭開外匯存底這一巨大金庫的神祕面紗。

有錢的臺灣央行

若單比較央行公告的外匯存底, 截至2020年底, 臺灣央行所擁有的外匯存底, 在國際上數額僅次於中國、日本、瑞士、俄羅斯、印度等國, 全世界排名第六。

---

[1]臺灣央行是透過對立法院財政委員會會議做業務報告時, 「間接」揭露所有金額, 從2020年開始, 央行亦在網站公布其中的「新臺幣換匯交易」之金額。

　　不過,除了瑞士外,排名靠前的幾個國家皆是人口破億的大國。以人均外匯存底來說,臺灣在世界上依然名列前茅,人均外匯存底約是2萬美元,僅次於瑞士、新加坡、香港與澳門。

臺灣外匯存底從何而來

臺灣外匯存底的快速積累,主要來自1980年代,以及2000年以後,至於1980年代末期至2000年間,臺灣的外匯存底大約停止成長十餘年。

　　我們在第4章提過,外匯存底若明顯成長,通常是代表一國央行有干預外匯市場的行為。

　　無論是1980年代或2000年代之後,臺灣外匯存底的成長,原因皆是央行試圖阻止新臺幣升值。

　　央行的營運目標之一,是要維持匯率的穩定。不過,臺灣自1970年代中期以來,年年出超、賺入大筆外匯,隨之而來的,是新臺幣對美元的升值壓力。央行為了壓低新臺幣幣值以維持出口競爭力,買進美元干預匯率,造成外匯存底大幅成長。這段歷史我們在第4章已有提及。後來美國對臺灣施加壓力,要求兩國在關稅上應該漸趨平等,匯率也應由市場自由決定,並在1988年推出《匯率操縱國》報告指控臺灣央行操作匯率,臺灣才逐漸放鬆了對匯率的干預,美元兌新臺幣從1980年代中期以前的1:40,升到1980年代末的1:25。不過,這段新臺幣大幅升值的期間,央行仍不斷買進外匯,希望減緩新臺幣升值的速度。

　　1980年代末期至2000年之間,臺灣央行對外匯市場干預較少,美元兌新臺幣的匯率,長期維持在1:25至1:28的區間,直到1997

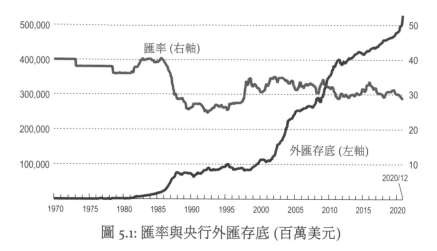

圖 5.1: 匯率與央行外匯存底 (百萬美元)

資料來源: 臺灣央行。

亞洲金融風暴, 外資大舉撤出亞洲、亞洲各國貨幣相繼貶值, 新臺幣兌美元才跌回 30 元以上。不過, 在爾後的彭淮南任內 (1998-2018), 新臺幣便很少回歸 1997 年以前的 2 字頭了 (參見圖 5.1)。

　　以外匯存底的變動看來, 彭淮南上任之後, 大致從 2000 年開始, 央行重拾干預匯率的老路。自此, 美元兌新臺幣長時間維持在 1:30 以上, 長年在 1:30 至 1:35 之間變動, 市場稱 30 這匯價是「彭淮南防線」, 亦即在央行干預下, 新臺幣很難升值突破 30 兌 1 美元。這些干預匯市所買進的外幣, 便成了臺灣龐大外匯存底的來源。

　　不過, 臺灣的外幣資產, 除了官方公開揭露的外匯存底外, 還有不少先前隱藏、未公開的外幣資產, 直至 2020 年 3 月才公諸於世。

　　臺灣央行的外幣資產, 比你我想像的還要多。

隱藏的巨額外匯存底

2019 年 10 月中, 美國外交關係協會 (The Council on Foreign Relations, CFR) 的經濟學家謝澤 (Brad Setser) 在網路上發表文章, 認為臺灣央行隱藏了 1,300 億至 2,000 億美元的外幣資產, 這些隱藏的外幣資產, 大部分以換匯交易 (FX SWAP) 或存款的形式, 存放在臺灣民間金融機構內。換言之, 臺灣央行其實只揭露了 7 至 8 成的外幣資產, 剩下的隱而不表, 以掩蓋其干預匯率的幅度。

在謝澤發表研究的幾個月之後, 2020 年 1 月, 美國財政部公布的《外匯操縱報告》中, 沒有將臺灣列為外匯操縱國, 令臺灣的行政部門鬆了一口氣, 不過, 報告卻附註了謝澤的研究, 認為臺灣央行可能隱藏部分購得的外幣, 沒有計入外匯存底內, 實際上具有干預匯率的嫌疑。

或許是受到來自美方的壓力, 2020 年 3 月中, 央行在對立法院進行的業務報告中, 首度揭露臺灣央行截至 2020 年 2 月底, 總共擁有 6,259 億美元的外幣資產 (其中的 50 億美元是黃金資產), 也就是說, 扣掉官方公告的 4,800 億美元外匯存底之外, 還有約 1,400 億美元的資產, 是過往沒有計入外匯存底內的, 而這個數字, 與謝澤的估計相當一致。

以往, 央行資產負債表上所公布的「外國資產」, 指的是外匯存底加上黃金與白銀, 這些外匯存底可隨時用來滿足國際收支上的交易、償付負債, 或是用來干預外匯市場以影響匯率, 平時多在國外進行投資, 可說是我國央行對國外居民的債權。不過, 臺灣央行所持有的外幣, 其實有部分是對本國居民的債權, 過去, 央行皆沒

有公布這些外幣資產的實際金額。[2]

　　根據臺灣央行的書面報告, 這沒有計入外匯存底的 1,400 億美元中, 數額最大的是 991 億美元的「換匯交易之外幣部位」, 其次是 328 億美元的「存放國內銀行業之外幣」, 還有 61 億美元的「對本國銀行外幣拆款」。

　　所謂「存放國內銀行業之外幣」, 是指央行購買外幣後, 將錢存放在本國商業銀行 (包含國外銀行在臺分行), 如此一來, 這筆資金在央行財務報表上, 便不會被記入外匯存底, 而是另放入「存放銀行業資產」科目下。

　　另外, 價值 61 億美元的「對本國銀行外幣拆款」, 主要是被計入「銀行業融通資金」科目下, 而非外匯存底。

價值近 3 兆臺幣的換匯交易

弔詭的是, 根據央行財務報表, 2020 年 2 月底, 央行的資產總額是 16.5 兆新臺幣, 但 6,200 億美元的外幣資產, 換算成新臺幣的金額約是 18.6 兆, 也就是說, 央行所擁有的部分外幣資產, 根本沒有記錄在財務報表上, 而是活生生地消失在眾人的眼前。

　　我們推測, 這些消失的外幣資產, 主要應該來自央行業務報告中所公布的 991 億美元「換匯交易」。「存放國內銀行業之外幣」以及「對本國銀行外幣拆款」兩者尚屬於央行資產負債表上的資產, 但「換匯交易」便完全屬於央行資產負債表外的資產了。

---

[2] 所謂的本國居民, 是指常住居民, 亦即居住在本國境內一年以上的居民, 與國籍無關。而國外居民就是指居住在國外一年以上的居民。

有錢的臺灣央行

央行在外匯市場干預阻升新臺幣時，會需要買進外幣、賣出新臺幣。一般而言，這些買進的外幣會計入外匯存底中，不過，有時候央行並未將買入的外幣計入央行的「國外資產」項或外匯存底，而是將這些外幣轉而賣給民間金融機構，並約定特定時間後，央行再以事先講定的匯率買回這些外幣，這種交易稱為換匯交易。

由於臺灣的利率長期低迷，許多金融機構 —— 尤其是保險業者，時常會將資金匯至海外進行投資，以追求較高的報酬，導致保險業者長期對外匯有所需求。金融機構跟央行做換匯交易的好處是，可以減少匯率變動風險。

假設一年前，美元兌新臺幣的匯率是 1:30，一年後新臺幣升值10%，美元兌新臺幣的匯率變成 1:27，對金融機構來說，若當年在海外的投資報酬率低於10%，則改以新臺幣計價，這筆投資便產生虧損。

以投資 1 億美元、年息 3% 的美國公債為例，一年前匯率是 1:30 的時候，該金融業者需要以 30 億新臺幣購買美國公債，一年後，1億美元連本帶利變成了 1 億 300 萬美元，但用 1:27 的匯率換回新臺幣時，卻只剩下 27.8 億新臺幣，反而虧損。

不過，若金融機構選擇跟央行進行換匯交易，金融機構一年後將海外投資換回新臺幣的時候，可以使用約定好的匯率 —— 例如 1:30 進行換匯，規避新臺幣升值而帶來的投資損失。

對央行來說，將手上外匯直接賣給國內金融機構的好處，則是可以低估外匯存底的實際成長速度，進而隱匿央行干預匯率的真正幅度。畢竟國際上，各國政府通常是以外匯存底的變動幅度，來觀察其他國家是否有干預匯率的行為。

臺灣央行的「內外帳」

臺灣中小企業界長久以來有個習俗, 公司的帳本分為「外帳」與「內帳」, 外帳通常是提供國稅局查帳、徵稅用, 內帳則是記錄公司真實的金流狀況。為了減少繳稅的額度, 外帳記錄的盈餘數字, 通常會比公司內帳上所記錄的少。也就是說, 外帳只能表露部分現實, 卻沒有忠實記載一家公司的財務狀況。

　　臺灣央行所採用的, 也是類似的手法。公布給外界的財務報表, 沒有記錄央行實際上擁有的991億美元換匯交易資產, 為的便是隱匿外匯存底的真實金額, 進而隱藏央行干預外匯的規模。央行實際上擁有多少外幣資產, 在2020年3月以前, 對外界來說一直是個謎。

　　將手上外匯另做其他用途、而沒有登記在外匯存底內的做法, 其實並非只有臺灣進行此操作, 例如新加坡央行長期以來不定期撥轉部分外匯, 交給新加坡的主權基金 —— 新加坡投資公司 (GIC)。不過國際貨幣基金組織自2013年起, 對於各國央行的外幣資產該怎麼認列, 有訂立明確的會計準則, 央行需要如實呈現所有的外幣資產, 包含外匯存底以及這類由央行購買、與金融機構進行換匯交易的外幣數量。

　　由於臺灣並非國際貨幣基金組織的會員國, 它的會計準則對臺灣央行沒有約束力, 因此近幾年央行為了隱藏干預外匯的行為, 可以方便地將部分外匯「藏」在財務報表之中, 甚至隱而不表, 而不用遵守國際貨幣基金組織的會計規定。

　　不過, 美國做為臺灣的貿易對手國, 自然相當在意臺灣央行實際上有沒有干預匯率、以及干預的力道, 以免美國廠商面臨不平等

競爭，我們推測臺灣央行選擇在 2020 年 3 月公布這些外幣資產的細項，或許不乏來自美方的壓力。

若將這 1,400 億美元納入計算，臺灣總外幣資產的規模，在 2020 年 2 月底總共高達 6,259 億美元。

外匯存底的管理

外匯存底由央行保管，理論上是屬於全民的財富。這 4,886 億美元的外匯存底，對臺灣 2,300 萬國民而言，平均每位國民擁有的外匯存底是 2 萬美元的資產，若加上不列入外匯存底的外幣資產 1,400 億美元，每人擁有的外幣資產更是高達 2.7 萬美元。

外匯存底被運用時，外幣投資所得的金額是多是少，攸關全體國民的利益。當我們已經被迫將財富交到央行手上，[3] 自然應該關心這些資產是否被妥善管理。

在比較一筆投資是否充分發揮效率時，投資人衡量的主要標準是報酬率，報酬率愈高，代表該筆資金的運用效率愈高。

臺灣央行的主要收入，是外匯存底購買海外債券所獲得的利息，將此利息收入與外匯存底相除，我們可以簡單計算出外匯存底的報酬率，1999 年至 2018 年二十年間，臺灣外匯存底的平均報酬率是 3.9%；由於 2008 年金融危機過後全球利率普遍較低，2009 年至 2018 年十年間，臺灣外匯存底的平均報酬率僅約 3.13%。[4]

---

[3] 若央行不干預匯率，外匯存底不會增加，而這些外匯也會由民間所持有。

[4] 此處是以官方公告的外匯存底計算，而不計入換匯交易等過去隱藏的外幣資產，因為目前央行尚未公布這些外幣資產的歷史資料。

　　和其他國家同樣是進行海外投資的主權基金相比, 臺灣外匯存底的投資表現, 是差了一些, 而非媒體所標榜的「神操作」。

主權基金

主權基金指的是政府所成立的長期投資基金, 其財富屬於全體國民, 常用來支應該國國民退休金, 或是預防將來國家收入減少時, 仍能有資金供國內使用。多數主權基金的投資報酬率, 表現皆不錯。以全球最大的挪威主權基金為例, 自 1998 年成立以來, 截至 2019 年底的平均投資報酬率是 6.09%。全球第二大的主權基金 —— 阿拉伯聯合大公國的阿布達比投資局, 截至 2018 年底的二十年平均報酬率則是 5.4%。

　　新加坡、香港、南韓等亞洲鄰國, 同樣也擁有各自的主權基金。以新加坡政府投資公司旗下的主權基金來說, 過去二十年, 平均年報酬率是 5.5%; 香港外匯基金 1994 年以來, 年化報酬率是 4.7%; 南韓投資公司 (KIC) 的主權基金自 2005 年以來的報酬率則是 3.76%, 以上亞洲四小龍政府旗下的主權基金, 長期的平均報酬率皆勝過臺灣央行運用外匯存底的報酬率。

　　臺灣外匯存底與鄰國主權基金的投資報酬率不同, 一大原因是外匯存底需要顧及資產的風險程度與流動性 (是否容易變現), 因此臺灣外匯存底大部分投資在美國公債, 而主權基金則追求較高報酬, 因此可能採取投資風險較高、低流動性標的之策略。

　　外匯存底與主權基金投資策略的不同, 造成主權基金的投資報酬率較高, 不過, 臺灣外匯存底高達 4,800 億美元 (2020 年 2 月底), 扣除應對突然金融危機所儲備的外匯存底 (國際上的建議是

半年的進口額, 約 1,400 億, 或是跟短期外債總額相當, 約 1,700 億), 可支用額還高達 3,000 億美元 —— 若加上正在進行換匯交易的外幣資產, 臺灣央行可動支進行更靈活操作的金額, 更是高達 4,500 億美元, 規模能排入全球主權基金的前 10 名。

因此, 近十年來, 不斷有官員以及學者呼籲, 臺灣央行應該釋出部份外匯存底, 另外成立主權基金, 讓外匯存底能做更有效率的運用, 賺得更多報酬。

世界規模最大的幾個主權基金, 例如挪威主權基金、阿布達比投資局、科威特以及卡達的主權基金, 資金來源多是販賣石油的獲利; 新加坡投資公司、南韓投資公司以及香港外匯基金, 資金則部分來自外匯存底。以部分外匯存底做為主權基金的資金來源, 在國際上並不少見。

不過, 對於此一構想, 臺灣央行向來抱持反對態度。

主權基金模式不適合我國?

央行主要的論點有二, 一來, 央行認為外資投資我國股市與債券的資金量大, 2019 年底, 外資持有我國股票與債券的總金額是 4,500 億美元, 相對於官方外匯存底的總金額, 比例約是 95:100。為了防止外資大舉撤出臺灣, 對新臺幣造成鉅額貶值壓力, 央行認為, 應有足夠外匯存底做為預備。

不過, 我們將在稍後提到, 持有大量外匯存底有其成本, 國際上建議的外匯存底預備, 是短期外債, 而非國內所有外資, 畢竟有些外資屬於長期投資, 突然撤出的機率相對較低。臺灣 2019 年底的短期外債, 僅約 1,747 億美元。

　　另一方面, 這番說詞在1987年以前、臺灣仍存有外匯管制時或許適用, 畢竟彼時民間不能私自擁有外匯, 所有外匯皆需賣給央行; 但如今, 臺灣私人銀行以及廠商皆可保有外匯、並在外匯市場上交換, 截至2020年4月為止, 臺灣民間共持有8,100億美元的外匯, 其中壽險公司持有的國外資產即高達5,600億美元, 外資若想撤出臺灣, 民間仍有外匯可供交易。

　　央行反對動用外匯存底進行積極資產管理的另一個理由, 是外匯存底適合投資風險較低、且較具流動性的資產, 亟需運用時才方便取用; 主權基金長期來說報酬率較高, 但資產規模的變動幅度巨大, 且流動性較低。

　　外匯存底是否適合承作高風險投資, 的確應受討論, 一個做法或許是參考香港、新加坡以及南韓, 部分外匯存底以現有的低風險方式繼續操作, 一部分的外匯存底則撥出去做更具效率的投資。[5]

　　不過, 在進行任何關於外匯存底如何應用的討論前, 有一個前提非常重要: 我們至少需要知道外匯存底現在的應用情況, 每年的報酬率是多少、投資了哪些資產、持有哪些外幣、投資策略是什麼?

　　知道了這些背景資料, 我們才能評斷臺灣外匯存底的應用是否具備效率, 並且可跟其他國家的外匯存底或主權基金投資策略做比較, 探討什麼才是最適合臺灣的做法。

　　但是, 以目前臺灣央行的公開資料來看, 上述問題我們一個都答不出。

---

　　[5]然而, 許多國家的主權基金透明度低, 為人詬病, 因此, 若要將部分外匯存底撥入主權基金投資, 那麼主權基金的管理也必須符合高透明度與可究責性的原則。

神祕的外匯存底

臺灣外匯存底究竟如何被運用, 相關資料揭露得相當不透明。這造成外匯相關政策討論的難度, 也讓人疑惑: 外匯存底資訊這般的不透明, 是否是民主國家的正常行為?

臺灣外匯存底透明度落後國際

最近二十年間, 政府資訊的公開透明化, 已成國際間趨勢, 央行的資訊與制度透明化, 也相當受到重視。關於此一趨勢的演變, 我們將在第 7 章詳細說明, 而其中, 央行的資產及其運用當然也是應公開揭露的項目之一。

以美國為例, 聯準會每一季都會出具報告, 公布其是否有干預外匯市場, 至於手上持有的外匯存底, 也會公布持有哪些國家的外幣, 以及這些外幣分別投資於什麼種類的資產、及其金額變動。在 2019 年第二季的報告中, 聯準會便公布, 美國外匯存底的主要持有外幣是歐元與日圓, 其中歐元主要購買德國、法國、荷蘭三國的政府公債。

另外, 聯準會在期滿兩年後, 還會公布過往外匯交易的細項。買賣外幣以及債券的日期與金額, 皆會詳細陳列, 甚至還會記錄這些債券與外幣, 是透過哪些經銷商所購得。

相比之下, 臺灣外匯存底的相關資訊, 顯得非常不透明, 連臺灣央行外幣資產的真實總額, 也就是外匯存底加上換匯交易等外幣資產, 都是近期才揭露。

　　臺灣外匯存底僅公布換算成美元或新臺幣的價值,我們無從得知中央銀行投資了什麼幣別,央行也沒有進行正式且定期的公布,央行總裁僅在接受立法委員質詢時,偶爾即興式地透露外匯存底中各外幣幣別的占比。

　　最近唯一的一次透露,是在2018年10月,央行總裁楊金龍表示,當時的外匯存底美元約占八成,根據《工商時報》的報導,金融業人士還驚訝道「怎麼這麼多」,因為過往外匯存底中美元估計僅占六成 —— 可見央行對於外匯存底的資產揭露,既不透明也不頻繁。這些美元、歐元、人民幣、日圓等外幣資產,究竟投資了哪些標的,央行也從未公布。

　　我們平常投資基金時,多會比較各項基金的投資標的以及報酬率,政府也規定各基金公司要定期揭露持有的資產狀況,讓客戶明白自己所購買基金的投資策略和資產配置。

　　外匯存底既然是全體國民的財富,得知外匯存底如何應用,是國民的權利。

　　臺灣外匯存底的規模龐大,每年報酬率增減0.1個百分點,就是144億新臺幣的差別。在央行不公布外匯存底的運用下,我們如何能確定,外匯存底的投資有什麼問題,以及是否進行最佳的運用?

　　根據立法院預算中心的報告顯示,截至2018年底,我國央行外匯存底中,97%是由央行自行操作進行投資,其餘則是委託給國際私人投資公司管理。2018年,央行操作外匯存底的報酬率是2.88%,委外投資的部分報酬率則是1.55%。[6] 也就是說,臺灣央行的操作

---

[6]事實上,委外投資的報酬率變動大,有時候比央行高、有時則比較低。另一方面,央行投資時,通常是持有債券直到到期日,報酬率比較穩定,但委外

績效, 大勝許多國際知名投資公司。

央行財報缺乏外部審計

不過, 臺灣央行的財務報表僅由審計部進行審核, 並無接受其他獨立的第三方查核, 在編制上, 也未必全然按照一般會計準則編列, 我們要如何確定, 央行的投資報酬率真的如其聲稱得這麼好?

相較之下, 根據國際貨幣基金組織的報告, 世界上有超過一半國家的央行, 都會將財務報表交由國際會計師事務所進行審核。以美國紐約聯邦準備銀行為例, 它除了要接受聯準會底下的獨立審計部門 (Official Inspector General) 監督外, 還委託國際上具信譽的會計師事務所查核財務報表,[7] 並向國會報告。

臺灣央行在缺乏外部的會計審查之下, 我們雖然可以選擇「相信」央行官員的操守與專業,「相信」外匯存底當前的投資是最適切的安排, 不過, 臺灣並非極權國家, 盲目的相信並無助於政策的進化。唯有在資料公開透明之下, 外界才能進行適當監督, 並且集思廣益讓公眾利益最大化、精益求精。

有些人或許認為, 央行資訊公開得太透明, 可能會導致投機人士依據央行行動而操作, 反而增添市場的混亂, 這種擔心不無道理, 不過, 臺灣央行也可以參考美國聯準會的做法, 亦即, 延遲兩年才公布央行在外匯市場上的交易細項, 如此便能避免相關問題。詳細的歷史資料, 可提供研究者分析央行政策與其對經濟的影響, 這將有助於央行在未來制定更好的政策。

投資標的受諸多限制, 央行這樣比較並不盡公平。

[7] 舉例來說, 2018 年的外部稽核報告來自安侯建業 (KPMG)。

持有龐大外匯存底的好處

持有龐大的外匯存底,對臺灣的經濟來說,有好處、但也有壞處。我們先來談一下好處。

世界上,許多開發中國家的央行,會刻意持有較多的外匯存底,以防金融危機發生。

跟已開發國家相比,開發中國家的金融市場規模較小,且較為仰賴國外資金,國外資金的持續大筆湧入或持續大筆匯出,都會對經濟體與金融體系帶來重大影響。資金大量湧入時,或許可以提升該國的經濟發展;但當資金突然撤出,會造成貨幣大幅貶值,提高以本國貨幣計價的進口商品價格,導致物價膨脹,影響金融市場的穩定,對經濟帶來重大傷害。

尤其是當該國背負以外幣計價的龐大債務, 大幅貶值將導致以本國貨幣計價的外債巨幅攀升 , 甚至失去償債能力而違約。此時, 若能持有較多的外匯存底, 減緩資金流出對匯率的衝擊, 國家經濟便不至於突然陷入危機。

1997年的亞洲金融風暴即是一例, 研究發現, 各國受到的經濟衝擊, 與持有的外匯存底數量充足與否, 有著一定關聯性。

亞洲金融風暴

1990年代,國際許多熱錢看好東亞以及東南亞的發展,投注大筆資金借給當地企業。

泰國、印尼、菲律賓、南韓、馬來西亞等國,皆收到了龐大的外資。對這些國家的國內企業來說, 借錢變得較容易, 無論是投資新廠

房、或是日常營運的資金周轉,都較以往順利。許多企業的營運欣欣向榮,資金的湧入也讓這些國家的股市與房地產價格不斷上揚。

不過,儘管景氣繁榮,部分經濟學家批評,這些東南亞國家的經濟成長,多是用錢堆出來的,實際上各國生產力的提升有限。另一方面,許多東南亞國家的金融體系問題重重,借錢時並未認真審查風險,且深受「裙帶資本主義」的影響 —— 亦即與政府權貴關係好的公司,無論在借貸或是做生意上,都更容易獲得利益,但這些公司實際上的競爭力與獲利能力卻不一定出色。

1990 年代中期,美國國內開始升息,部分國際資金認為將錢匯回美國能得到的報酬較佳,資金漸漸撤出東南亞經濟體。資金退潮之後,房地產與股市的價格逐漸滑落,銀行授信不嚴謹、裙帶資本主義等經濟體原本的問題也開始浮現。許多國外投資人發現,東南亞各國的經濟表現不如想像中良好,造成資金進一步撤出,資產價格繼續下跌。

大量資金匯出後,東南亞各國貨幣開始貶值。許多當地企業向外國資金借款時,是使用外幣計價,當貨幣貶值,便需要使用更多的本國貨幣去兌換外幣償還債務,導致許多企業與銀行吃不消,面臨債務違約。經濟繼續惡化,國外資金見情勢不對,又進一步大舉撤出東南亞各國,貨幣再度貶值,造成惡性循環,引發各國的金融危機。

泰國、印尼、南韓,是當時受害最嚴重的幾個國家,1997 年七月至 1998 年七月間,兌換美元的匯率,泰銖貶值了 40%、印尼盾貶值了 80%,韓元則貶值 34%;各國的 GDP 也大幅下滑,一來是因為國內經濟大受打擊,二來是因為貨幣大幅貶值,造成以美元計算的

GDP 金額也大幅降低。

　　馬來西亞、菲律賓也同樣受害慘重,新加坡、香港、臺灣、日本等地的受害較輕,但由於國際資金大舉撤出東南亞與東亞,而國際熱錢更是預期亞洲貨幣的匯率會大幅貶值而大量放空,亞洲各國多多少少都受波及,新臺幣的幣值在一年間也跌了23%,美元對新臺幣的匯率,從1997年7月的1:27.9,跌到1998年7月的1:34.4。

　　各國受到的衝擊嚴重程度不一(參見圖5.2),背後的原因,除了各國經濟體本身的健全程度差別以外,經濟學家事後分析,外匯存底是否能支應以外幣計價的債務,更是能否減輕衝擊的關鍵。

　　泰國、印尼及南韓三國,向國外借取資金而累計大量債務的同時,沒有足夠的外匯存底,導致國外資金恐慌性匯出時,央行無法減緩貨幣的貶值。國內銀行業與企業突然被抽走銀根,外幣債務換算成本國貨幣的負擔也愈來愈重,無法繼續營運。

外匯存底做為臺灣的「護身符」

當時,亞洲幾個國家中,臺灣的外匯存底最為豐厚,甚至超過臺灣企業的短期外幣債務總額,是其他亞洲各國都沒有的條件。就算資金大筆匯出臺灣,臺灣央行仍有充裕銀彈減少匯率的跌幅,國內資金短少的情況也不會這麼嚴重,這或許是亞洲金融風暴中,臺灣躲過一劫的關鍵原因之一。

　　亞洲金融風暴之後,許多亞洲國家開始累積外匯存底,為的就是希望在金融危機發生時,手上能備有一些銀彈減緩衝擊。

　　對臺灣來說,持有充分外匯存底尤其重要,因為臺灣不是國際貨幣基金組織的會員國。當其他國家發生金融危機、資金大舉撤

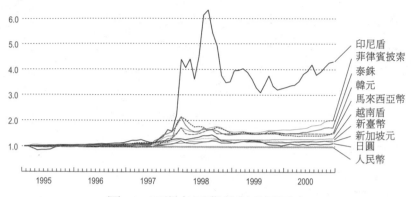

圖 5.2: 亞洲各國貨幣對美元匯率

基期: 1995/1。資料來源: 臺灣央行。

出時, 各國政府可以選擇向國際貨幣基金組織借貸。

　　國際貨幣基金組織營運的主要目的, 是要維持國際金融環境的穩定, 因此, 會在會員國發生金融危機且無法自力救濟時, 出面貸款給各國政府。

　　當一國的外資大舉撤出、匯率短期內大幅貶值, 導致該國政府與企業愈來愈不可能償還外債時, 國際貨幣基金組織的即時放款, 能為該國經濟體帶來及時雨, 讓資金不足、貨幣瘋狂貶值的情況稍有緩解, 穩定投資人的信心, 一方面減緩匯率繼續下跌導致經濟情勢持續惡化的可能, 也可以避免危機與恐慌波及他國。

　　國際貨幣基金組織放款時, 通常會加入附帶條件, 要求借款國的政府須遵守特定規範, 才能獲得下一輪的款項, 例如要控制政府財政赤字、進行金融或財政改革、採用升息等措施防止資金繼續外流等等, 讓該國度過金融危機的過程更順利, 並降低危機再次發生的可能性。

1997亞洲金融風暴時，國際貨幣基金組織即迅速放款給南韓、泰國、印尼等國，防止情勢進一步惡化，並針對各國設下不一樣的附帶條件，例如要求泰國提高消費稅以增加財政收入、穩定政府收支；要求南韓改革金融體系、增加金融市場自由度並加強監管等等。在這些改革以及國際貨幣基金組織的即時金援下，市場普遍認為，亞洲金融危機的嚴重度有所舒緩。

但由於臺灣被屏除在這類國際組織之外，面臨危機時，僅能靠平時存下的外幣 —— 外匯存底，來自力自救。

持有龐大外匯存底的成本

不過，持有大量外匯存底，也有其成本。

央行持有外匯存底，若本國貨幣升值（也就是外幣貶值），則這些外匯存底以本國貨幣來估值時，價值便會減損。央行若不想讓外匯存底這一資產的價值下跌，便需要不斷干預匯率、阻止本國貨幣升值，但這麼做卻又會累積更多的外匯存底，當本國貨幣升值時，所帶來的資產損失就會愈來愈大。

另一方面，央行買進外匯時，會釋放本國貨幣到市場上，此舉會造成國內資金氾濫，於是央行需要發行定期存單，吸收金融體系氾濫的資金。定期存單會為央行帶來利息的負擔，央行若要減少定期存單的利息支出，就需要壓低利率，而當外匯存底的規模愈大、定期存單的發行量也愈大，為避免利息支出增加，央行有很強的動機刻意施行低利率政策，相關細節我們將在下章提到。不過，低利率政策卻會為經濟體帶來房地產等資產價格上升、民眾銀行定存

增值不易等負面影響。

綜合上述,持有外匯存底需要付出一定成本;不過,持有外匯存底也有助於一國度過金融危機,平時外匯存底備而不用,算是一個「買保險」的概念。

外匯存底並非多多益善,應該還要考量龐大外匯存底所帶來的潛在成本。那麼,持有多少外匯存底,是比較理想的狀態?

國際上,一般的建議是,外匯存底應足夠支付一國3至6個月的進口額,或是應在該國短期外債數額的上下,以應付突然發生的金融危機,或國內發生災難導致經濟衰退。以2019年計,臺灣半年的進口額,約是1,400億美元,至於臺灣短期外債的數額,2019年底則是1,747億美元。

臺灣央行在2020年2月底的總外幣資產是6,200億美元,約是上述兩個建議額的4倍左右。也就是說,儘管站在「存錢買保險」的角度來說,臺灣央行依然存下了過多的外匯。

臺灣央行之所以會擁有這麼多的外幣資產,除了央行積極阻止新臺幣升值之外,另一個可能的原因,則是因為外匯存底是央行的「賺錢」資本,讓央行捨不得減少手頭上的外幣資產。

從彭淮南時代開始,臺灣央行每年透過「盈餘繳庫」,負責支應政府支出的7%左右。龐大外匯存底在國外投資所獲得的孳息,為臺灣央行帶來巨額收入,而為了減少央行的支出與損失,央行有動機採取維持國內的低利率以及阻止新臺幣升值的貨幣政策。

臺灣央行近二十年來的巨額盈餘繳庫,也是形塑臺灣貨幣政策樣貌的重要因素之一。

6

盈餘繳庫

每年五月, 是臺灣申報所得稅的季節。

上班族需繳交部分薪水至國庫, 公司行號則須上繳部分利潤給政府, 投資散戶的部分股利也得貢獻給政府財政收入, 雖然人們在繳稅時都希望稅負能少一點, 但不可否認, 政府要能繼續營運, 稅金收入相當重要。

舉凡造橋鋪路、學校教育、政府運作、國防支出等等, 都須仰賴稅賦, 也就是眾人都得從口袋中掏出一點錢, 支持國家能夠繼續營運下去, 提供這些屬於公眾利益的服務。

不過, 無論是個人或是企業的所得稅, 其實只占我們國家整體收入的 37% 左右。其他的大宗政府歲入來源, 包含消費稅 (14%)、土地稅 (6%)、貨物稅 (6%)、罰款與規費 (4.9%) 等。

此外, 中油、台糖、郵局等公營企業的利潤, 也會上繳至國庫。公營企業的盈利收入, 大概占臺灣政府每年整體歲收的 9.4%, 其中, 對盈利貢獻最大的「公司」是何者, 或許會大出你的意料之外: 就是我們的中央銀行。

近十年, 臺灣央行每年繳給國庫 1,800 億新臺幣左右的盈餘, 占 2018 年整體歲入 (中央加上地方政府之歲入) 的 6.2%, 高於罰款與

規費、關稅等收入,跟全臺灣的貨物稅或土地稅相當。

臺灣最賺錢的公司是台積電,2018年繳給政府的企業所得稅是350億新臺幣,金額僅是中央銀行的五分之一。

讀到此處,你可能會稍感奇怪,既然中央銀行對我國的財政收入貢獻如此巨大,為何前面幾章在討論中央銀行的職責時,完全沒提到央行也有為國家「賺錢」的功能?

這是因為,臺灣央行的營利行為,在世界上實屬特殊,沒有任何一個已開發國家,像臺灣的央行一樣,連續近二十年,每年為國家財政貢獻6%以上的歲收。

央行發大財

2002年至2019年間,臺灣央行每年平均繳給國庫1,770億新臺幣,負擔10.8%的中央政府收入。

若不計地方政府歲入,而只看中央政府歲入的話,從圖6.1可見,2002年至今,臺灣央行盈餘繳庫每年占中央政府歲入的比率幾乎都在9%以上,這個比率雖然在近年些微下降,但不可否認的是,中央銀行仍然是臺灣政府的最大金主。

財政部的歲收統計中,央行繳給中央政府的錢,被歸類在「營業盈餘與事業收入」的項目之下。國營企業(如台糖)與政府持股企業(如臺灣銀行)的部分盈利,以及政府成立的基金中(如國發基金)部分的投資收入,所繳納給國庫的資金,都屬於此分類。

其中,央行同台糖、中油、郵局等機構,都被歸類為國營企業,當年度若有盈利,必須繳交部分盈餘至國庫,這些繳給政府的資金,

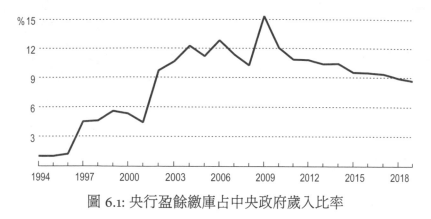

圖 6.1: 央行盈餘繳庫占中央政府歲入比率

資料來源: 中央政府總決算歲入歲出簡明比較分析表, 主計總處。

稱為「營業基金盈餘繳庫」。

所有「國營企業」中, 最會賺錢的當屬央行了, 自 2005 年起, 每年的營業基金盈餘繳庫中, 超過 80% 的資金來源都是央行。以 2018 年為例, 臺灣央行貢獻了 1,800 億的盈餘繳庫, 排名第二的是台糖, 貢獻 95 億新臺幣, 排名第三的中華郵政, 則貢獻 85 億新臺幣。台糖與郵局加起來的盈餘繳庫金額也僅有央行的十分之一。

國庫金雞母

多年來, 央行提供國庫的金流之穩定與龐大, 讓央行被許多立法委員以及臺灣媒體稱作「國庫金雞母」——彭淮南在任的二十年期間, 其中一項重要「政績」, 正是每年豐沛的盈餘繳庫。

除了平時對國庫做出固定貢獻外, 國家財政有難時, 央行更能臨時疏通大量資金給國庫, 讓國家度過難關。2009 年, 金融海嘯過後全球經濟不景氣, 臺灣景氣也大幅衰退, 連續三季經濟呈現負成

長。企業不賺錢,政府歲收自然少,為了彌補財政赤字,臺灣央行破天荒繳出了 2,380 億新臺幣給國庫,占當年政府總歲入的 11.3%、中央政府歲入的 15%。也就是說,當年政府每花出去的十塊錢,諸如公共建設、公務員薪水等,便有一塊錢來自臺灣央行的貢獻。

要能連續 17 年向國庫繳納大筆資金,其實也隱含著一個現實:臺灣央行的獲利能力極高。

大多數的國營企業,盈利情況起起落落,受到政府政策以及市場競爭的影響。例如中油 2014 年至 2015 年因油價變動劇烈而虧損,2016–2019 年卻年年獲利 300 億以上;台電則由於配合政府的凍漲電價政策,近幾年嚴重虧損。

相較之下,中央銀行近二十年的盈利既多且穩定,無怪乎獲得「國庫金雞母」的稱號。

央行的獲利能力除了大勝其他國營企業外,相較許多私營企業,也是有過之而無不及。

臺灣獲利最豐的企業是台積電,2018 年的稅前淨利是 3,975 億元,第二賺錢的企業則是鴻海,2018 年的稅前淨利是 1,703 億元。我國央行同年度的淨利則是 2,254 億元,勝過鴻海、次於台積電,可說是全臺第二會賺錢的「企業」。

央行為何有這麼強的獲利能力? 央行到底是如何賺錢?

央行的生財之道

我們在前面提過,臺灣央行長期以來,為了阻止新臺幣升值,累積了大量的外幣資產。2020 年 2 月底為止,臺灣的外匯存底加上換

匯交易等其他外幣資產, 高達6,200億美元。這些巨額的外幣資產, 正是央行重要的「生財工具」。

央行收入

外匯存底 (包括美元、歐元、英鎊、日圓等外幣) 是央行最主要的賺錢資本。外匯存底平時並未鎖在央行的金庫中, 而是在國外進行投資, 投資的標的, 多是美國公債這種風險較低、又配息穩定的資產。這些外匯存底投資所得的配息, 便成為央行每年的收入來源。過去二十年間, 外匯存底的投資利息收入, 平均而言占央行總收入的93%。

央行第二大宗的收入則來自外幣兌換利益, 此一收入的來源, 是上章曾介紹過的, 臺灣央行與國內金融機構進行換匯交易所獲得的利益。進行換匯交易時, 取得美元的一方 (金融機構) 需要支付美元的利息給取得新臺幣的一方 (央行), 取得新臺幣者, 則需支付新臺幣的利息給取得美元的一方。

當美元 (美國) 的利率高於新臺幣 (臺灣) 的利率, 代表臺灣央行所獲得的美元的利息, 會大於央行所需付出的新臺幣利息, 而這正是外幣兌換利益的由來。

2018年, 臺灣央行共賺得4,104億新臺幣的利息收入, 以及768億新臺幣的外幣兌換利益, 加上其他零星項目, 總收入是4,892億新臺幣。

臺灣央行的年收入相當可觀, 不過, 要能獲得高額盈利, 除了營收之外, 成本也相當重要, 成本費用愈低, 盈利能力愈好。

央行支出

攤開臺灣央行財務報表中的損益表,可看到央行主要的營運成本是「各項提存」以及「利息費用」這兩項。

　　各項提存主要包含「備抵呆帳」以及「匯兌損失準備」,前者是央行向銀行放款時提列的呆帳準備,後者則是央行針對匯率損失先行準備的資金空間。畢竟當新臺幣升值,外匯存底換算成新臺幣的金額便會減少,例如當美元兌新臺幣從1:30升值到1:28時,4,800億美元的外匯存底,換算成新臺幣的價值,便從14.4兆減少到13.4兆,損失一兆新臺幣,而這項損失則由「匯兌損失準備」認列。

　　至於利息費用,則是指央行付給各銀行的利息,其中,最大宗的支出,是央行定期存單的利息費用,約占總利息費用的七成,其次則是支付給金融機構轉存款以及準備金乙戶的利息。

央行龐大定期存單的由來

我們在前面提過,美國聯準會是透過買賣美國公債,來調節市場上資金的充裕程度。聯準會要增加市場上的貨幣供給時,通常是買進銀行手上的政府債券,釋放美元資金至經濟體中。在臺灣,央行則是在買進外匯時,會釋放新臺幣到經濟體中。

　　這一點我們可以從兩國央行所擁有的資產差異看出,美國聯準會90%以上的資產是美國公債或房貸債券,臺灣央行則有86%的資產是外匯存底。

　　不過,相對於美國購買債券釋放美元,「主動」的決定美元發行量,調整國內資金寬鬆與緊縮的程度;臺灣央行通常是為了阻止新

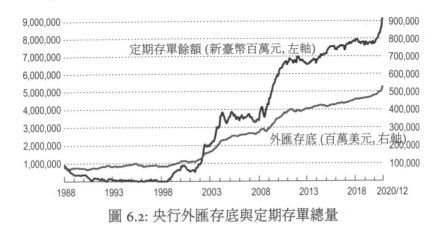

圖 6.2: 央行外匯存底與定期存單總量

資料來源: 臺灣央行。

臺幣升值而干預外匯市場, 進而釋放新臺幣, 因此, 釋放資金與否受到匯率波動影響, 行動比較被動。

央行買進外匯、釋放新臺幣, 等於是施行了寬鬆的貨幣政策, 向市場輸送大量資金, 很可能會導致利率的下降, 以及通貨膨脹率的上升。若央行本意只是想阻升新臺幣、而非執行寬鬆的貨幣政策, 央行可以透過發行定期存單, 吸收銀行手上多餘的資金, 達到減少新臺幣流通量的目的。

由圖 6.2 可看出, 過去二十年間, 在外匯存底不斷增加的同時, 定期存單的總量也不斷增加, 可見央行確實透過定期存單, 回收干預外匯所釋放出的多餘資金。

不過, 值得注意的是, 央行為了減少定期存單的支出, 不會將干預匯率所釋放出的新臺幣, 全數由發行定期存單收回 —— 也就是說, 央行其實是沖銷不足的, 而這也是臺灣國內長年以來資金氾

濫、利率極低的原因之一。[1]

對銀行來說, 購買定期存單, 能獲取利息收入, 又由於是央行發行, 不會有倒帳風險, 在近年極低利率的環境下, 是許多銀行爭相購買的熱門產品。

利率水準影響央行支出

央行損益表上的「利息費用」, 主要即是來自支付定期存單的利息。央行發行的定期存單有兩大類:「申購發行」以及「標售發行」。申購發行類的存單, 利率由央行決定, 天期短則一天、長則半年 (182天期);「標售發行」類的存單, 有一年期與二年期兩種, 則是用競標的方式決定利率高低, 若願意購買的銀行多, 利率便會較低。

182天期 (含) 以下的定期存單, 利率水準是由央行訂立, 基本上跟隨著央行的政策利率 —— 重貼現率的波動調整 (參考圖6.3), 當重貼現率上升, 定期存單的利率也會上升; 下降時亦然。2020年12月底為止, 央行重貼現率是1.125%, 182天期定期存單的利率是0.52%。

利息費用底下, 剩下的三成費用為支付金融機構轉存款的利息。金融機構轉存款是指郵局、農會、信用合作社以及公股行庫的餘裕資金轉存到央行的存款, 其中郵局占最大宗, 約是整體轉存款的3/4。

金融機構轉存款在過去曾是央行貨幣政策工具之一, 央行調整轉存率可以調節銀行體系的資金鬆緊程度, 但如今此工具已較

---

[1]所謂的「沖銷」, 是指央行在公開的金融市場上, 向金融機構賣出政府債券或發行央行定期存單的方式收回流通在外的貨幣。

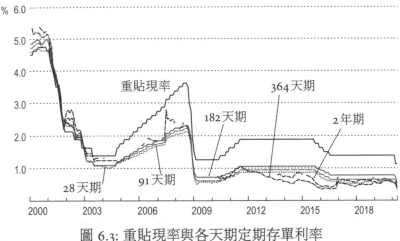

圖 6.3: 重貼現率與各天期定期存單利率

資料來源: 臺灣央行。

少使用, 金融機構轉存款成為保障郵局、公股行庫利息收入的來源之一。[2]

　　商業銀行在央行的準備金存款中的準備金乙戶 (銀行應提準備的一部分) 也有支付些微利息, 但跟定期存單以及銀行轉存款相比, 此項的利息費用金額相當少。

　　因此, 當央行宣布重貼現率上調時, 其實也代表著, 央行支付給銀行的定期存單利息將增加 (如圖 6.3 所示), 金融機構轉存款利息、準備金乙戶利息也將增加, 當年度央行財務報表上的利息費用會提高; 而當央行宣布降息時, 定期存單、轉存款、準備金乙戶給付的利息便減少, 央行當年要支付的利息費用也降低。

---

　　[2]如前所述, 公股銀行時常需要配合政府政策。舉例來說, 2020 年 Covid-19 疫情期間, 公股銀行必須積極配合辦理紓困貸款。因此, 金融機構轉存款提供其穩定收入, 可視為某種程度上的獎勵或補助。

2018年度, 央行損益表上的利息費用支出是847億新臺幣, 占央行總支出的31%, 不過, 在2005–2008年, 央行利率較高的那幾年, 每年的利息費用都超過1,000億新臺幣, 占央行全年總支出的90%以上。

定期存單的弔詭利率

一般而言, 債券存續日期愈長, 愈可能面對市場風險、利率風險等, 為了補償這些風險, 債券市場上, 長天期債券的利率通常比較高。不過, 弔詭的是, 在2020年12月, 臺灣央行一年期與二年期的定期存單, 利率分別是0.164%與0.194%, 比91天期定期存單 (0.4%) 的利率來得低, 更別提利率高達0.52%的182天期的定期存單了。

主要原因, 是因為一年期與二年期的定期存單屬於標售發行, 由市場對定期存單的需求, 來決定利率的高低。由於市場對定期存單的需求高, 相對來說, 定期存單的發行量卻不多, 導致一年期與二年期定期存單利率被壓低到短天期定期存單的利率以下。

而申購發行的定期存單 (期限在半年以下), 利率是由央行制定。若這些短天期的定期存單, 利率也是由市場決定的話, 28天期 (利率0.34%)、91天期 (利率0.4%)、半年期 (利率0.52%) 的利率, 應該會比現在還要低上許多。也就是說, 央行制定的利率比市場應有的均衡利率還要高上不少。

因此, 申購發行的定期存單, 對銀行業者來說, 利率相當吸引人, 需求遠高於央行實際發行的數量。

由於需求高於供給, 這些短天期的定期存單, 央行可以選擇賣給哪間銀行, 據瞭解, 大多數高利率的定期存單, 都是賣給了公股

表 6.1: 各天期定期存單利率 (2020年12月)

隔拆利率	7天期	28天期	91天期	182天期	364天期	2年期	重貼現
0.081%	0.11%	0.34%	0.40%	0.52%	0.164%	0.194%	1.125%

行庫。

　　推測背後理由, 可能是因為, 公股行庫時常需要配合政府的各項政策, 央行將利率較高的定期存單賣給這些公股行庫, 做為這些銀行平時配合政策的補償與嘉惠。

盈餘繳庫的隱藏損害

總結來說, 央行主要是運用外匯存底到國外投資賺得大量利息收入, 或由換匯交易賺得借出美元的利息; 成本方面, 則主要是定期存單的利息費用。

　　而央行既然是賺國外的利息報酬 (例如美國公債)、支付國內利息的費用, 央行若要有所獲利, 臺灣的利率, 勢必要比外匯存底投資地區的利率為低, 不然收到的利息補不上支出的利息, 央行可能會從盈利轉虧損。當國外利率愈高、國內利率愈低 —— 也就是臺灣與國外的利差 (利率差距) 愈高, 央行的盈餘便愈高。

　　綜合以上, 若央行要提升每年的營利盈餘, 既然國外的利率並非臺灣所能決定, 央行在國內最完美的做法會是: 盡可能壓低國內的利率 (費用下降)、盡量累積外匯存底 (投資收益增加) —— 而這些, 似乎跟臺灣央行近幾年的貨幣政策巧合地雷同。

　　賺取大量盈利或許不是臺灣央行的初衷, 而是一連串貨幣政策的巧合。

　　一開始, 央行或許只是希望透過貶值刺激出口, 進而促進經濟成長, 而不斷干預外匯、累積了大量外匯存底。累積大量外匯存底, 卻會造成新臺幣供給增加, 為了減輕國內的通膨壓力, 央行開始大量發行定期存單。

　　外匯存底的成長, 跟定期存單的總量的成長, 呈現高度相關 (參考前面圖 6.2)。因此, 隨著外匯存底累積、雖然國外投資所獲得的孳息愈來愈多, 國內定期存單所需支付的利息卻也同步增加。臺灣央行若不想讓財務報表上出現虧損, 勢必得壓低國內利率, 以減少利息支出。

低利率與貶值政策的根源

由於外匯存底中, 主要的外幣是美元, 臺灣央行投資的資產, 也以美國的債券為主, 央行為了不使國內定期存單的利息費用, 超過從美國債券獲得的孳息, 很有可能將臺灣的利率, 壓得比美國來得低 —— 而觀察過去二十年的數據, 確實如此。

　　讓臺灣的利率低於美國, 一方面可以阻止熱錢流入, 降低新臺幣升值壓力, 另一方面則是擴大利息收入與利息支出之間的差距。然而, 此種做法卻使央行失去了貨幣政策的自主性, 臺灣央行僅能依照美國利率的高低, 來調整國內的利率水準,

　　尤有甚者, 臺灣央行在利率調整上, 還會有「跟跌不跟漲」的傾向, 也就是說, 在美國聯準會調降利率時, 臺灣央行會跟著調降利率, 但當美國開始調升利率時, 臺灣的利率時常按兵不動或調升幅

度有限, 關於這點我們可以從 2016–2019 年間臺美利率的走勢看出 (詳見頁 65 的圖 3.2)。

對於貶值以及低利率政策的負面影響, 我們已在過去幾章做了相關的探討。而貶值以及低利率的政策, 雖然能構成央行持續盈利的條件, 卻會對經濟環境以及整體社會帶來深遠的影響。

貶值導致臺灣產業升級不力、民眾薪資較亞洲四小龍等鄰國為差; 低利率則是臺灣近年高房價與殭屍企業橫行的重要推手之一。兩者皆對社會與經濟的長遠發展有所傷害。

雖然我們難以得知央行制定貨幣政策時, 背後的真正想法, 央行或許真心認為低匯率與低利率的環境有助於臺灣短期內的經濟成長, 但我們似乎也很難排除, 盈餘繳庫誘使央行持續「雙低」政策施行的可能性。

另一方面, 央行持續而穩定的盈餘繳庫, 也會讓政府愈來愈倚賴此一財源, 使得央行為了維持每年的盈餘繳庫數額, 而不斷延續低利率與低匯率的政策。如此一來, 便形成了惡性循環, 央行的「雙低」政策促成盈餘繳庫, 為了盈餘繳庫又得繼續維持「雙低」貨幣政策, 讓臺灣因低利率與低匯率政策所帶來的傷害, 遲遲無法從根本上進行改善。

印鈔救國

介紹完了臺灣央行如何盈利, 我們可以來思考下一個問題: 我國央行的盈餘, 如何繳交給國家?

畢竟,稍有經驗的投資人都知道,有時候,財務報表上有盈利,不代表公司有足夠的現金與能力派發股利、回饋股東。

舉例來說,全球最大影音串流平台 Netflix,雖然自 2016 年起便連年聲稱獲利,但實際上每年仍大量舉債、燒掉大筆資金。主要原因,是 Netflix 將拍片費用視為「投資」,並不會一次性地列入當年的營運成本,故雖然表面上看來 Netflix 有獲利,實際上公司並沒有多餘現金可以分配股利給股東。

臺灣央行財務報表的玄機,在於臺灣央行的大多收入都是外幣。畢竟外匯存底內的美元、歐元等外幣拿到國外進行投資,收到的利息報酬會是更多的美元與歐元。問題是,臺灣政府在造橋鋪路、付公務員薪水、補助國民年金時,花用的全是新臺幣,臺灣央行總不能直接把這些外幣交給政府,讓政府用美元、歐元去付公務員薪水或國民年金吧?

不過,我們在第 1 章提過,央行之所以對經濟體有重大影響,關鍵在於,它獨占了發行新臺幣的權力。

一般國民若將存款匯到海外進行投資,小賺一筆後,想要將投資所得拿回臺灣花用時,必須要跟銀行交易,將美元換成新臺幣。當銀行累積了大量美元,想要換成新臺幣時,會到外匯市場上交易,而外匯市場上的一大參與者,正是央行。央行因為具有新臺幣發行權以及大量外匯存底,能夠對新臺幣的匯率造成顯著影響。

那麼,當央行想要將外幣投資之收益換成新臺幣,供盈餘繳庫之用時,會需要藉由外匯市場,將部分外匯存底換成新臺幣嗎?

從央行的財務報表變化上看來,央行進行盈餘繳庫時,其實不用這麼麻煩。

表 6.2: 我國中央銀行資產負債表 (2020年12月)

資產	金額	比例	負債	金額	比例
國外資產	15,260,031	84.7%	通貨發行額	2,604,479	14.5%
對政府放款	0	0.0%	政府存款	236,720	1.3%
買入有價證券	0	0.0%	準備性存款	2,243,071	12.4%
對金融機構債權	1,636,166	9.1%	國庫存款轉存款	9,596	0.1%
庫存現金	121	0.0%	定期存款轉存款	519,000	2.9%
其他資產	1,121,894	6.2%	郵政儲金轉存款	1,623,666	9.0%
			央行發行定期存單	9,168,090	50.9%
			其他負債	454,736	2.5%
			淨值	1,158,855	6.4%

單位: 新臺幣百萬元。附註: 國外資產包括外匯存底與黃金。

央行外幣收入如何變成盈餘繳庫

對於看得懂財務報表的讀者, 我們在此用臺灣央行的資產負債表解釋。以財報 T 字帳來說, 外幣收益增加時, 央行資產負債表左側「資產」下的「國外資產」項會增加, 右側「負債與權益」下的「淨值」項也會增加, 代表央行累計的盈餘。

表 6.2 中, 負債項中的「通貨發行額」代表經濟體內實際流通的新臺幣總數, 「準備性存款」代表銀行存放在央行的準備金, 「郵政儲金轉存款」與「定期存款轉存款」是指我們存在郵局與銀行的錢, 轉存到央行手中, 至於「政府存款」, 則是指中華民國政府的國庫 — 保管國庫, 也是央行的業務之一。

每年, 當民眾透過銀行戶頭匯款繳稅時, 在資產負債表上, 「準備性存款」下降、「政府存款」上升。反過來說, 當政府支付公務員與廠商薪資或費用, 匯款到民眾的戶頭時, 「政府存款」下降、「準備性存款」則會上升。

我們前面提到,中油、台糖等國營企業也會盈餘繳庫,他們進行繳庫時,管道跟上述相同,即是從公司銀行戶頭轉帳至國庫,央行負債表上的準備性存款下降、政府存款上升。

央行在進行盈餘繳庫時,運作方式卻和上述不同。央行進行盈餘繳庫時,只需要將「淨值」中的累計盈餘減少,「政府存款」中的金額增加。央行資產負債表上,資產的總額皆不變,只是「負債與權益」欄下,部分的淨值移轉至國庫內,如此一加一減,便輕鬆快速地完成盈餘繳庫的工作,而在整個盈餘繳庫的過程中,生財用的外匯存底絲毫沒有減少。

然而,央行在盈餘繳庫後,一但政府開始花用「政府存款」中的錢,就代表又有新的貨幣被創造出來,簡單地說,就是印鈔票繳庫、印鈔票融通政府的財政支出。

事實上,央行也可以將外幣資產孳生的利息在外匯市場出售,換取新臺幣,用以支付利息與其他支出,以及用來做盈餘繳庫。如此,央行便不會創造出新的貨幣,有助化解市場泛濫的資金。然而,央行不取此途,應是顧慮出售外匯會造成新臺幣升值壓力,在此同時,也可保留他的生財工具: 外匯存底。

對於財務報表沒有概念的讀者,只需要記著一件事: 央行本身就擁有創造新臺幣的權力,不過,在印製新貨幣時,需要有所依據。也就是說,當央行擴大負債項 (如發行貨幣),也會有相應的資產需增加 (如購買外匯),反之亦然。

美國的聯準會是透過買賣美國政府公債來調節美金流通的多寡,而新臺幣流通的多寡,主要受臺灣央行購買外匯 (導致新臺幣流通增加)、出售外匯 (新臺幣流通減少)、發售定期存單 (新臺幣流

通減少)、以及盈餘繳庫 (新臺幣流通增加) 所影響。

臺灣央行平時在外匯市場阻升新臺幣時, 會買進美元、釋出新臺幣, 這些新臺幣會透過新臺幣的需求者 —— 主要是銀行或出口商, 流入經濟體, 而增加整體新臺幣的流通量。

至於臺灣央行海外投資獲得的外幣收入, 一方面讓外匯存底持續累積, 一方面則是透過盈餘繳庫, 當政府發派公務員薪水、造橋鋪路時, 這些新臺幣資金, 就這麼流入臺灣的經濟體中。

印鈔融通與盈餘繳庫

央行疏通政府財政, 在國際上並不少見。

國際上, 許多較貧窮、或是政府倒帳風險較高的國家, 由於政府公債乏人問津, 時常是由央行直接印鈔購買公債, 依此疏通財政赤字。由央行出手購買公債, 正是1950年代前後, 臺灣發生的情況。

當時國共對峙情勢依然緊張, 臺灣政府發行的公債銷路欠佳, 最終只能由臺灣銀行 (也就是當時的央行) 出面, 以發行新貨幣的方式購買, 簡而言之, 就是印鈔給政府花用。

這種做法在1950年之前, 造成臺灣嚴重的通貨膨脹, 臺灣的物價上漲了數萬倍, 這點我們已在第1章提及; 1950年之後, 臺灣央行印鈔融通政府支出的情況趨緩, 但依舊在國家財政上扮演重要支援。1954年, 央行透過購買公債, 負擔了當年度6%的稅收, 與今日盈餘繳庫的比例相當。不過, 當時由於央行沒有透過定期存單回收印製出去的現金, 1952至1961年十年間, 臺灣每年平均的通貨膨脹率高達9%。表面上, 人民好像少繳了 6% 的稅, 但通貨膨脹

會造成人民的存款與薪水購買力變差, 實質上變得比以前窮, 這些代價即是我們在第1章提過的「通貨膨脹稅」。

臺灣央行自 2002 年起, 透過盈餘繳庫, 每年負擔政府近 8% 的花費, 既然都是由央行印鈔負擔政府支出, 理論上似乎也會引起通貨膨脹, 不過, 近 18 年來, 臺灣的通貨膨脹率 (消費者物價指數) 平均僅 1.1%。

雖然央行釋出大量資金, 但臺灣整體的通貨膨脹率卻沒有暴漲, 主要有幾個原因。

一來, 是因為盈餘繳庫與央行直接買公債融通國庫, 本質上還是有些許差異, 盈餘繳庫背後有外匯存底的資產為基礎, 對於新臺幣發行量形成上限, 但發行貨幣購買公債很容易因為沒有節制的發債而失控。

二來, 近年央行會視市場上資金流通的狀況, 透過發行定期存單, 收回部分政府花出去、或干預外匯釋放出的資金, 以免貨幣發行過多、導致通貨膨脹的發生。臺灣央行的總資產雖然有 16.5 兆, 但其中有近 8 兆被央行以定期存單收存, 另外還有 4 兆金融機構的準備金與轉存款, 也就是說這 12 兆的「潛在新臺幣」, 都被鎖進央行裡。

最後, 1990 年代之後, 許多經濟學家發現, 貨幣流通量的成長, 所造成的通貨膨脹效果愈來愈小, 世界多國皆然。背後原因, 可能是因為全球化大幅降低了商品製造的成本, 導致物價很難成長。

然而, 全球央行釋放的龐大資金湧向了資產市場, 許多國家的資產包括房地產與股票價格因而上漲, 臺灣亦非例外。臺灣央行釋出的資金雖然沒有引發過高的通貨膨脹, 卻造成臺灣的資產價

格 (尤其是房地產) 不斷攀高。

　　總而言之,「央行印鈔票融通政府支出」與「盈餘繳庫」看似不同,實無二致。央行印鈔票融通政府支出時,以央行資產負債表而言,資產項的「對政府放款」和負債項的「政府存款」同時增加,當政府實際提用這筆錢來造橋鋪路或是支付公務員薪水,「政府存款」就會減少,而流通的貨幣就增加,不斷「印鈔票」的結果就會使得國內通貨膨脹,對外幣值下跌。

　　至於盈餘繳庫,是透過低估新臺幣幣值、累積外匯存底,而得到孳息來融通政府財政,當政府支出增加時也會使流通的貨幣增加。就經濟影響而言,「印鈔票」跟「盈餘繳庫」是一樣的,都會讓新臺幣的對外幣值下跌,流通貨幣增加。只是大家不容易看出造成這麼高的盈餘後面的代價,還以為是賺了外國人的錢。差別在於,印鈔票可能沒有節制,盈餘繳庫還是受限於外匯存底的數量。

　　既然盈餘繳庫不怎麼造成通貨膨脹,表面上看來對人民的生活沒什麼影響,部分官員或許認為,就這樣讓央行繼續「代為繳稅」也不錯。

　　然而,我們其實已經在不知不覺間,付出了許多代價。

惡果

要維持高額的盈餘繳庫,貶低新臺幣價值以及壓低國內利率是必要措施。我們在前幾章提過的產業升級不力、房價高漲、存款族財富成長速度緩慢等等,皆與央行的盈餘繳庫有關聯。

　　這些少掉的薪水、少掉的存款利息, 可說是「盈餘繳庫稅」,日

常生活中, 央行的貨幣政策一點一滴侵蝕我們的財富。在這裡, 我們用一個很概略的計算, 來說明低利率政策究竟對臺灣全體人民造成多大的財富損失。

2010年初至2019年底這十年間, 南韓的平均隔夜拆款利率是2.06%, 臺灣的平均隔拆利率是0.28%。臺灣活期儲蓄存款的利率, 跟隔拆利率差不多, 以2020年底臺灣12.4兆的活期儲蓄存款來看, 臺灣的利率水準若跟南韓一樣, 全臺灣活期儲蓄存款戶一年所損失 (應賺而未賺到) 的利息, 高達2,207億新臺幣。這金額已遠遠超過央行每年盈餘繳庫的1,800億了, 更別提臺灣利率水準低對一般民眾財富成長所帶來的損害。

稅制扭曲

政府之所以課稅, 雖然主要目的是為了支應公共支出, 但除此之外, 稅賦制度的規劃還有其他層面的考量。

國家稅賦制度的一個重要目標, 是影響國民從事某些活動的誘因。舉例來說, 香菸對身體健康有害, 世界多國政府為了減少民眾的吸菸量, 都對香菸課徵高額稅捐, 減少民眾大量消費的動機與能力; 在過去, 臺灣政府若想鼓勵特定產業的發展, 則會減免該產業的稅額, 例如全臺現在市值最高的公司 —— 台積電, 草創初期因受惠於「產業升級促進條例」, 須繳的公司稅非常少。

國家稅賦制度的另一個目標, 是要進行所得與財富的重分配, 拉近國民間財富水準的差距。也就是說, 政府應該透過稅賦制度以及政策支出, 將財富較充裕者的部分收入, 轉移給財富較匱乏者, 讓整體社會能更趨公平。

　　各國政府在課徵所得稅時，多是採取「累進稅率」的模式，亦即收入愈高者，邊際稅率愈高，需要繳交更高比例的所得做為稅收；收入愈低者，需要繳交的所得比例就愈少。舉例來說，在臺灣，年所得扣除免稅額後，淨額在453萬以上的居民，所得稅率是40%，淨額在54萬以下的居民，所得稅率僅有5%。

　　而政府提供低收入戶補助、失業補助等補助金時，則能為所得較低的居民提供額外收入，以此減少低收入者與中高收入者的所得差距。公立學校、全民健保等等措施，也有助於讓全體國民，都能獲得成本較昂貴的教育、醫療等服務。

　　根據英國《經濟學人》雜誌的統計，經濟合作發展組織 (Organisation for Economic Co-operation and Development, OECD) 的各會員國，稅賦制度確實都有達成改善貧富差距的任務，其中，愛爾蘭的效益最佳，稅賦與政策成功使其所得不均程度下降40%。

　　不過，從財富分配的角度來看，央行盈餘繳庫所造成的「盈餘繳庫稅」，來自壓低利率與匯率，損害了存款族、嘉惠借款者。我們在第3章討論過，臺灣國內借款數額最高的，是企業借款以及房貸。也就是說，央行盈餘繳庫所造成的財富重分配，是讓民眾存款利息減少、存款生財不易；另一方面，也讓繳得出頭期款、能夠負擔房貸的民眾，享受到低利率的好處 —— 但低利率也推升了房價，買不起房屋的人，更加成為經濟上的弱勢。

　　政府課稅的一大原則，是盡可能減少徵稅對於社會的衝擊。17世紀的法國財政大臣柯爾貝 (Jean-Baptiste Colbert) 曾說過：「課稅之道好比拔鵝毛，得在鵝最小的掙扎下拔下最多的毛。」當政府對民眾的消費課稅，勢必會影響民眾原本的生活，例如日本2014

年將消費稅從 5% 漲到 8% 時, 由於消費者需要付出的金額變高, 日本政府觀察, 確實有減少日本國民的消費意願、增加家庭的負擔。

課稅會對人們的生活帶來負面影響, 但政府支出又是不可或缺, 如何讓一項稅收對社會帶來最小傷害, 是政府在課稅時需要考慮的要點。

央行的盈餘繳庫或許對政府來說不但取得方便, 更可說是不無小補, 不過, 我們也需要衡量, 央行大量盈餘繳庫之下, 我們是否付出了巨大的代價, 扭曲經濟與社會的發展。

若政府財政收入不足, 該做的應該是改變稅制、增加稅收來源與課稅的效率, 而非一味要求央行盈餘繳庫, 造成央行不得不持續採取低利率與低匯率政策, 對臺灣的經濟體質帶來不利影響。

更何況, 央行的本職應是穩定國內的經濟與金融環境, 像臺灣一樣同時為政府賺進大筆收入的央行, 在世界上實屬罕見。

央行失去獨立性

放眼世界先進國家, 我們很少看見連年巨額獲利、上繳大量盈餘給政府的中央銀行存在。

舉例來說, 2015 年美國聯準會繳出了 1,170 億美元 (約 3.5 兆新臺幣) 的盈餘給國庫, 是近二十年來最高的紀錄, 但美國政府的規模比臺灣大上許多, 1,170 億美元僅占美國整體歲入的 3.6%。另外, 美國央行的盈餘多半來自國庫券的利息, 這些資金本來就來自美國政府, 因此, 聯準會將這些收入還給政府, 也算是合情合理。

至於其他亞洲鄰國, 日本央行每年盈餘繳庫的數額, 僅占政府總歲入的 1% 以下; 南韓是 1% 上下; 新加坡的波動則較大, 2017 年

盈餘繳庫高達政府歲入的 6.42%, 但其他年份, 盈餘繳庫僅占政府歲入 1–2%。

世界各國央行之所以不把盈餘繳庫視為央行目標之一, 正是因為希望能維持央行運作的獨立性, 不因盈餘繳庫, 而扭曲最適切的貨幣政策。

臺灣央行或許天縱英才, 在穩定繳出盈利的同時, 也能給予臺灣經濟最佳的貨幣政策; 央行也一直強調, 盈餘繳庫並非其首要業務。不過, 臺灣央行穩定又大量的盈餘繳庫, 久而久之, 容易讓中央政府開始倚賴央行的資金, 甚至透過修法, 將「盈餘繳庫」變成臺灣央行非正式的法定職責之一。

2012 年, 立法院通過「行政院組織法」修正案, 要求央行的預算編列與財務結算, 都視同一般國營事業, 須經行政院與立法院各委員會的審查, 因此央行盈餘繳庫的金額成為其營運績效的指標之一。此項修法的背後原因之一, 可能就是希望確保央行持續做為國庫重要財源。

然而, 我們從第 1 章開始便再三強調, 央行的首要目標, 是讓經濟體穩定發展, 若「盈利」也成了央行的職責之一, 央行就像是被綁住一隻手的武術高手, 難以對當前經濟狀態做出最佳回應。

許多學者與評論家皆提出證據指出, 彭淮南上任以後, 臺灣二十年來之所以死守著貶值政策與低利率政策, 背後的一大原因, 可能就是為了維持高額度的盈餘繳庫。[3] 盈餘繳庫如同制定貨幣政策的緊箍咒, 臺灣央行要採取任何貨幣政策, 都要考量該政策對盈餘

---

[3] 參見 Chen, Liu, and Wang (2013) 之研究。此外, 根據媒體報導, 在 2012 年 5 月 12 日王作榮教授紀念研討會中, 與會學者亦有相同看法。

繳庫的影響。

世界各國央行大多強調其運作的獨立性, 畢竟貨幣政策造成的影響深遠, 不應受到政治勢力與私人勢力左右, 而造成長遠的負面影響。臺灣對於央行的法規, 卻在反其道而行, 央行需配合財政部的預算需求, 當國庫的金雞母, 犧牲的, 是長遠的經濟正常發展。

從第 3 章至此, 我們陳述了臺灣央行近二十年來貨幣政策所造成的諸多問題, 例如低利率政策造成房地產高漲、新臺幣匯率長期被低估等; 我們也花費了一些篇幅探討臺灣央行在制度與管理上令人匪夷所思之處, 包含巨額的盈餘繳庫, 以及明細相當不透明的龐大外匯存底。

接下來, 令人好奇的問題就是: 這些政策到底是如何制定出來的? 制度上的演進以及背後的決策機制為何? 是否還有進一步改善的空間? 這將是我們在本書的最後兩章探討的重點。

7

臺灣央行制度檢討

過去三十年來，全世界央行最有志一同的改革，當屬資訊透明化。許多國家的央行定期宣布利率目標、詳實公布會議紀錄、主動與外界溝通貨幣政策的走向，並且公開央行貨幣政策的架構、策略，以及執行後的相關經濟數據與資料，讓學術界與社會大眾能瞭解、進而研究貨幣政策所帶來的影響。

在1970年代之前，這是罕有的現象，彼時世界各國的央行普遍相信，保持神祕感、出其不意的貨幣政策，才能達到效果。

央行從「搞神祕」轉變到盡量公開透明，此一轉變發生的契機，可能是來自1977年經濟學家希蘭德 (Finn Kydland) 與普雷史考特 (Edward Prescott) 所發表的論文 (兩人後來在2004年獲得諾貝爾經濟學獎)。他們認為，央行出其不意的貨幣政策，其實對於穩定市場無益，甚至可能會讓原本較穩定的經濟情勢變得混亂。論文建議，若政策前後一致且有跡可循，對市場穩定較有幫助。

在這之後，學術界又進行了若干研究，多半支持「貨幣政策應有跡可循」的觀點。學界的研究成果，漸漸地影響各國央行的政策與態度，央行逐漸改變以往「出其不意」的施政模式，轉而致力於公開透明化並降低不確定性。

　　另一方面, 在許多民主國家, 具有民意基礎的立法機關也認為, 央行握有莫大的權力, 應當增加透明度以及可究責性 —— 意思是, 央行應提高透明度, 讓外界能知道央行採取了什麼政策、對經濟可能造成怎樣的影響, 以及決策背後的考量為何, 央行應該如實說明, 如此方能取信於民。

　　央行增加透明度的另一個好處, 是能讓市場參與者和學術界獲取更多的資訊, 使得貨幣政策的相關研究能更臻完善, 央行應具有與學界以及大眾充分討論政策的機制, 並與外界定期交流。畢竟, 經濟環境不斷變化, 央行的貨幣政策也需要與時俱進。

　　而這正是臺灣央行一直以來所缺乏的。本書在前面幾章, 探討了臺灣近二十年來貨幣政策所造成的諸多問題, 這些問題要從根本上得到改善, 還是得從改革央行的決策模式開始著手。

　　決策模式是制度的一環, 因此, 我們討論的是制度變革。經濟學家的共識是, 制度是經濟成長的關鍵因素。1960 到 80 年代中期, 臺灣的所得水準低, 但經濟成長率高, 當時央行貨幣政策的主軸是對美元採固定匯率; 換言之, 阻升新臺幣。長期的高成長使所得持續上升, 到了 2010 年代, 臺灣的人均 GDP (PPP) 已超過日本與許多歐美國家。但是, 臺灣央行貨幣政策的主軸沒有改變。

　　進入 21 世紀後, 臺灣以勞力密集為主的產業結構, 已轉變成以資本與技術密集為主。雖然產業結構已經改變, 但是, 央行貨幣政策的主軸並無改變。在某些情況下,「以不變應萬變」可能是最佳的選擇。然而, 貨幣政策是否也是如此? 由前面各章的分析, 答案是否定的。無可諱言, 阻升與低利率政策讓某些人得利, 但是, 社會上另外一些人則為此付出了代價。

　　制度必須隨著經濟、社會與政治變遷而調整, 中外皆然。1980
年代晚期之前, 臺灣是一黨專政, 財經官員閉起門來決定公共政
策。但是, 民主化之後, 這種做法已經走不通; 即使勉強為之, 未來
也將付出代價。同樣的例子, 本書的序言裡談到美國貨幣制度的
變革, 從早期葛林斯潘的故作神祕與刻意模糊, 到柏南克時期大力
推動透明度與可究責性。經濟學者普遍同意, 以上的變革提升貨
幣政策的品質。

　　今天, 歐洲、美國與日本等高所得國家的貨幣政策制度大同小
異。在此, 我們就以美國聯準會為例, 說明高所得國家貨幣政策的
運作模式, 一方面可當成臺灣央行現行制度的對照, 另一方面則是
做為臺灣未來制度改革的參考。

美國聯準會的運作模式

近三十年來, 各國央行在公開透明化的進展上, 分為幾個層面。

　　一者, 是經濟資料的公開透明, 如央行干預外匯的歷史資料、央
行對經濟的預測模型等等, 各國央行皆漸漸公諸於世; 二者, 是央
行決策過程的公開透明, 包含貨幣政策背後的依據, 以及決策過程
中歷經了怎麼樣的討論, 各國央行公告得愈來愈詳細; 三者, 則是
政策執行上的公開透明, 央行在執行貨幣政策前, 能向大眾說清楚
政策的目標與細節, 減少大眾的誤解, 並讓貨幣政策的施行能更順
利而有效果。

　　以下, 我們會先介紹美國聯準會在公開透明化上的做法、貨幣
政策形成的過程、如何與外界交流、及其學習與改正的機制。稍後,

我們將描述臺灣央行的現行慣例, 讀者將發現, 兩者相比, 臺灣央行在這幾個面向上, 還有不少進步空間。

聯準會的開放透明: 詳實公布資訊

近幾年來, 美國聯準會貨幣政策制定與執行的相關資料, 愈發公開透明, 與外界的交流也愈來愈頻繁, 有助於其貨幣政策的完善與執行的有效性。

在經濟資料的揭露方面, 我們之前提過, 聯準會每一季都會公布該季是否有干預外匯市場、買賣了何種外幣、大致購買哪類外國資產, 兩年期滿後則會揭露詳細的外匯交易資訊。

不過, 外匯市場並非聯準會關注的重點, 聯準會在外匯市場的交易相對來說較不頻繁, 大多是受美國財政部委託進行交易, 畢竟聯準會的貨幣政策, 主要是透過利率水準來調節經濟。聯準會進行公開市場操作時, 買賣的標的主要是短期美國公債。2008年金融危機後實施量化寬鬆, 則大量購買長期美國公債以及房貸擔保債券。

無論購買的是哪一種債券, 每週三, 負責公開市場操作的紐約聯邦準備銀行, 都會公布前一週所購入的證券細節, 當週的交易金額、每一張證券的到期日、甚至是該張證券的編號, 這些資訊任何人都可以從網路上下載取得。

除了貨幣政策執行後的資料與經濟數據外, 貨幣政策制定所依據的參考資料, 聯準會也公諸於大眾。

舉例來說, 任何人皆可以在聯準會的網站上, 下載聯準會用來預測經濟前景的模型程式碼, 套用當前經濟資料、用模型進行計算,

所得出的結果,正是聯準會決定貨幣政策的根據。

　　大眾可以依據模型結果,自行推測聯準會未來可能的貨幣政策,另一方面,專業人士也可以檢視程式碼,提出模型的改善方向,讓預測模型更加完善。聯準會自公布模型程式碼之後,已根據外界以及內部的回饋,陸陸續續對程式碼做出許多次更新。對聯準會來說,公布程式碼可以減少眾人對聯準會經濟預測基準的疑問,更可以讓模型愈來愈準確,可說是一舉兩得。

與學術界積極互動

聯準會公布這些資訊,還有助於學術界對貨幣政策進行更精準的研究。貨幣政策對經濟體系與金融市場有重大影響,每年學術界都會撰寫大量論文,探討貨幣政策的傳遞機制和貨幣政策的效果。公開透明而詳實的資料,有助於使這些學術研究更加準確,進而能對貨幣政策的改善進行有效討論。

　　面對這些來自學術界的研究與討論,聯準會每年都會定期與外界交流。

　　聯準會本身擁有研究團隊,對貨幣政策與經濟景況做研究與分析,聯準會就僱用了三百名以上的經濟學家,而各地區的聯邦準備銀行也各自擁有研究部門。央行與外界交流切磋,有助於更多想法互相激盪。

　　聯準會或各地區聯邦準備銀行時常自行舉辦、或與世界其他央行合辦有關貨幣政策的研討會,除了參與自家研討會外,聯邦準備體系的官員,也會參與學界舉辦的活動。

每年二月, 芝加哥大學固定舉辦美國貨幣政策論壇 (US Monetary Policy Forum), 是極為知名的貨幣政策研討會, 會中廣邀學者、業界專業人士及聯準會官員出席, 產官學三方一同交流; 每年一月美國經濟學界的年度盛事 —— 美國經濟學會 (American Economic Association) 年會, 聯準會的許多經濟學家也是固定班底。至於每年由聯邦準備銀行堪薩斯分行 (Federal Reserve Bank of Kansas City) 主辦的傑克遜霍爾經濟政策論壇 (Jackson Hole Economic Policy Symposium), 更是全球央行齊聚, 一起進行政策研討的年度盛會。

除此之外, 聯準會官員也時常到美國各大學進行演講, 總而言之, 聯準會與外界的學術交流相當頻繁, 有利於在政策上採納多元觀點, 並做出更理想的決策。

聯準會的內部決策模式

除了經濟資料的公開透明, 聯準會還詳實公布貨幣政策的形成過程。美國負責決定貨幣政策的, 是聯邦公開市場委員會 (FOMC), 一年共召開八次會議, 聯準會主席亦是聯邦公開市場委員會的主席。每次會議結束時, 聯準會會先公布會後聲明 (Statement), 並由主席舉行記者會。而在會議結束的三週後, 聯準會將再公布會議內容的摘要 (Minutes), 大略記錄會議中各方成員的意見, 並公布投票情形, 詳列贊成與反對者名單, 列舉反對者的政策主張。在會議期滿的五年後, 聯準會公布會議逐字稿 (Transcripts), 清楚記錄每位成員的發言, 小至咳嗽聲與玩笑話, 都會完整地記錄下來。

從這些會議紀錄中，我們可以清楚看到公開市場委員會的開會流程。

參與貨幣政策討論的成員，除了聯準會的7名理事 (Governor) 外，還有12個地區聯邦準備銀行的總裁 (President)，不過有資格對貨幣政策進行投票表決的只有12人，包括聯準會的七名成員，紐約聯邦準備銀行總裁，以及四位其他投票成員 (分別由其他11家聯邦準備銀行輪值)。

美國幅員遼闊，全國分為12個區，每一個地區有一間聯邦準備銀行，負責該地區的貨幣發行、銀行貸款等業務。雖然每次開會，僅有其中的四間地區銀行，能對聯邦利率是否升降進行表決，但每位地區銀行總裁在公開市場委員會上，皆具有發言權，依據該地的經濟狀況，對於利率是否應做調整提出看法。

例如，2005年卡崔納颶風重創美國南部時，亞特蘭大聯邦準備銀行的總裁古恩 (Jack Gyunn) 即提出，希望聯準會能暫緩升息 (當時聯邦基金利率正處於升息循環)，以協助該地的經濟復甦，而且他認為該地石油減產對美國經濟會造成衝擊，聯準會應先觀望一下情勢。

公開市場委員會的會議議程，是先進行研究報告，再進行兩輪討論。圖7.1是美國聯準會在2015年12月15日–12月16日兩天的FOMC會議議程。

會議一開始，先由紐約聯邦準備銀行的公開市場操作帳戶經理 (Manager, System Open Market Account) 進行金融市場報告。聯準會的公開市場操作，是由紐約聯邦準備銀行負責執行，另外，美國的金融中心 —— 華爾街，也是位於紐約。紐約聯邦準備銀行除

Authorized for Public Release

Class III FOMC – Internal (FR)

AGENDA

FEDERAL OPEN MARKET COMMITTEE

Tuesday, December 15, 2015, at 1:00 p.m.
and continuing on
Wednesday, December 16, 2015, at 9:00 a.m.

1. Financial developments and open market operations.
   A. Staff report on market developments and operations.
   B. Action to ratify the open market transactions for the System account since the October meeting.

2. Economic and financial situation.
   A. Chart show.
   B. Committee discussion of economic developments and outlook.

3. Current monetary policy.
   A. Staff comments.
   B. Committee discussion.
   C. Action to adopt directive and statement.

4. Confirmation of the date for the next meeting (Tuesday–Wednesday, January 26–27, 2016).

圖 7.1: 聯準會 2015 年 12 月的會議議程

資料來源: https://www.federalreserve.gov/monetarypolicy/files/FOMC20151216Agenda.pdf

了頻繁參與金融市場交易外，私底下也會跟金融業業界人士定期開會交流，瞭解金融市場目前的狀況。因此，紐約聯邦準備銀行可以說是公開市場委員會成員中，最瞭解美國金融市場現況的一員，而這也是紐約聯邦準備銀行總裁身兼聯邦公開市場委員會副主席的原因之一。

在紐約聯邦準備銀行報告完後，聯準會轄下的研究暨統計處與國際金融處接著簡報《藍綠皮書 A》，內容聚焦在國內外的經濟與金融情勢。之後，就進入了第一輪討論（又稱為經濟情勢討論）。在第一輪的討論裡，各地區聯邦準備銀行總裁、聯準會理事及聯準會主席，就經濟情勢發表意見，同時與聯準會的官員或研究人員進行討論。

接續第一輪的討論，是聯準會轄下的貨幣事務處簡報《藍綠皮書 B》，內容聚焦在應否調整利率及貨幣政策。之後，就進入了重頭戲的第二輪討論（又稱為政策討論）。[1]

總的來說，有關經濟情勢的說明，大致占每次會議時間不到 1/5。而公開市場委員會的開會重點，其實是經濟情勢報告後，委員會成員對經濟的解讀發表意見，以及對貨幣政策的討論。

各地區的聯邦準備銀行，皆備有自己的經濟研究部門，因此，每次會議皆可以提出自己研究團隊的看法，進而使得會議成員間較

---

[1]根據最新公布的 2015 年 FOMC 逐字稿，在 2015 年 9 月之前，討論的第一輪，是依各地區聯邦準備銀行總裁、聯準會理事、聯準會主席的順序發言，每個人就經濟情勢與應不應該調整利率，發表個人想法。第二輪的發言順序則與上一輪相反，聯準會主席先對利率是否應升降提出個人看法，接著才是聯準會理事，以及各地區聯邦準備銀行總裁發言與討論。然而，在 2015 年 10 月之後，不論是在第一輪或是第二輪的討論，都採取較為隨機的發言順序。

能進行深入的討論。另外, 聯準會的官員皆是專任職, 並有專屬的研究助理, 理事們平時的主要工作內容, 就是研究經濟情勢與貨幣政策, 因此會議場上, 眾人對於貨幣政策辯論皆是有備而來。

發言與討論都結束以後, 擁有表決權的 11 名成員, 再對是否調整聯邦基金利率進行投票。

貨幣政策會對經濟與社會造成深遠影響, 多一點辯論與審慎思考, 總是一件好事。臺灣央行的運作現況, 與美國資訊公開透明、政策經過充分討論的決策模式, 相差很大。

臺灣央行現況

2018 年 10 月, 央行副總裁嚴宗大, 參加臺大經濟系舉辦的「貨幣政策的回顧與展望研討會」, 引起媒體紛紛報導, 認為這對央行而言是一個突破, 代表央行新上任的總裁楊金龍有意進行改變。

我們稍早之前提過, 在美國, 聯準會官員參與學界研討會, 早就是家常便飯, 為何到了臺灣, 直至 2018 年, 央行與學界的交流, 都還可以成為新聞, 並被視為「創舉」?

這是因為, 在彭淮南任職央行總裁的時代, 央行很少與學術界進行交流, 對於外界的批評與建議也相當排斥。

臺灣央行目前的許多制度與做法, 表面上看起來跟美國很像, 例如臺灣央行也會定期開理事會、投票決定利率是否調整, 並在會後舉行記者會, 也會公布會議摘要, 只差沒有公布會議逐字稿。不過, 臺灣央行在實際運行上, 與美國相距甚遠, 表面上看起來相似,

裡子卻完全不同。[2]

神祕重重的央行

1987年出版、介紹聯準會的英文暢銷書《殿堂的祕密:聯準會如何治理美國》,曾將聯準會描述成「比 CIA 更神祕」,此番形容在聯準會二十餘年的透明化改革後,已不大相符;不過,2020年的臺灣央行,卻依然像國防部、國安局等軍事情報機關一樣,缺乏透明度,在民主國家又非情報體系的政府機構中,顯得相當突兀。

財經雜誌《今周刊》曾在2016年的報導中,採訪多名學者與金融業者,詢問他們對央行的看法,許多受訪者不願具名,怕批評央行會惹麻煩上身。對金融業者來說尤其如此,畢竟央行是金融業的主管機關之一,批評央行容易引來關切,讓他們索性噤聲不談。

過去在彭淮南擔任總裁的年代,當有人公開評論央行的政策,央行除了私下關切發言者外,也會公開大力度反駁批評。央行面對外界質疑時,總是反覆搬出同一套立場強硬的說詞,為現行貨幣政策辯護,例如面對匯率政策相關的批評時,總是回覆「本行維持匯率的動態穩定」,或否定利率與房價有關聯,久而久之,讓人們愈來愈不願意公開評論央行政策。畢竟央行發言的目的不是「溝通」,而是「說服」與「說教」。

---

[2] 臺灣央行從1980年3月開始定期召開理事會,從1991年開始於會後舉行記者會,並從2017年6月才開始公布會議的議事錄摘要。至於理事會在決定貨幣政策時,根據瞭解,在彭淮南擔任總裁期間,從未表決,也不曾逐一依序詢問理事意見。楊金龍擔任總裁後,才開始逐一詢問理事對於利率調整表達贊成或反對。

　　由於貨幣政策具有高度專業性, 外界對於央行的說明, 容易抓不出錯處而照單全收, 不過, 若仔細檢視央行的說詞, 可看出不少立論薄弱之處。

極少做全面性討論的央行

央行在反駁批評時, 時常僅引用對自己有利的說法, 而不做全面性的討論。舉例來說, 央行反駁低利率與高房價有關聯性時, 所引用的盡是否定利率與房價有關聯的文獻, 卻刻意忽視其他更多的研究, 認為低利率政策的確會造成房價高漲。

　　此外, 即便文獻上已有相當多的研究發現, 央行執行「阻升不阻貶」的匯率政策, 但是在相關討論中 (如央行理監事會後記者會參考資料), 央行往往予以忽略, 從不並陳正反兩面的發現。

　　另一個例子是, 臺灣央行近年來在面對央行透明度不高的批評時, 時常宣稱「近期研究顯示央行資訊過度透明反而不利市場穩定」, 但以上這類研究, 多半是針對已經相當開放透明的歐美央行而言, 臺灣央行與歐美央行的開放程度仍相距甚遠, 此一憂慮可說是杞人憂天。

　　除了只引用對自己有利的研究文獻外, 央行在面對外界指控時, 還時常否定到底、不願承認。

　　例如, 我們在上一章提到過, 2019 年美國財政部《匯率操縱報告》曾引用謝澤的研究, 指稱臺灣央行使用換匯交易隱匿外匯存底、進而隱藏干預匯率的行動。

　　央行在《匯率操縱報告》公布的幾日後, 曾在臉書的粉絲專頁上發文, 指稱央行之所以會與銀行進行換匯交易, 是因為臺灣企業

到國際上借款美元時，常被收取較高利息，央行為了「降低 (國內)
企業的美元借款成本，同時收回市場上多餘的新臺幣資金」，才會
與國內銀行業進行換匯交易，讓廠商能直接在國內便宜借到美元。
然而，這份聲明卻完全不提，謝澤研究的重點在於，央行藉換匯交
易隱匿龐大的外匯資產，顯示央行干預匯市的規模遠超出外匯存
底所公布的金額。

央行的說詞，可說是顧左右而言他，裡頭疑點重重。央行所嘉
惠的，到底是哪些廠商？若央行是想促進產業發展，這也應該是值
得公開給大眾、讓更多廠商知道此項優惠政策；但為什麼，在2020
年3月之前，一般大眾基本上不知道這個訊息？

換匯交易是否造成外匯存底的低估，進而使外界錯估央行干
預外匯市場的程度？

以上種種問題，央行都避而不談。

對外資訊封閉的央行

臺灣央行雖然定期出版金融統計月報，提供經濟與金融相關的月
資料，但仍有許多資料，外界長久以來呼籲央行應該公布，央行卻
遲遲不予公布。

上文提及的換匯交易即是一例。另外，前文提到，聯準會定期
而詳細地公告，其參與外匯市場或債券市場進行交易的資料；但臺
灣央行自2020年3月起，才在多方壓力下，每半年公布干預外匯市
場的總額，但是干預頻率與幅度、乃至歷史資料也未見公開，令人
無法理解。

事實上，許多已開發或開發中國家的央行，皆已經公布外匯干預的歷史資料，舉例來說，如澳洲、瑞士、德國、義大利、日本、墨西哥、土耳其等國家，都跟美國一樣，會公布外匯市場干預的歷史資料，而這些資料，也都可以輕易地在美國聖路易斯聯邦準備銀行的研究部門網站 (Federal Reserve Economic Data, FRED) 取得。公布這些歷史資料，顯然沒有為這些國家帶來任何危害。

臺灣央行把種種參與市場的資料，皆視為機密而不肯公布，令人匪夷所思，而且至今仍未見任何鬆動，甚至連央行內部人員也難以取得完整的市場資料。舉例來說，對於央行經研處的研究人員而言，外匯局向來都不肯提供外匯干預的相關資料，讓他們無從取得分析。這種連央行內部研究也不提供資料的心態，和聯準會致力公開透明的態度相比，實有極大差異。

央行提供給外界的資料不詳實，也容易使外界想要分析央行的貨幣政策時，時常會遇到障礙。例如，外界想分析央行對外匯市場干預所造成的影響時，只能找間接的資料 —— 例如外匯存底的變動，來做分析研究。

然而，央行在國外的投資收益、以及不同外幣的匯率變動，都會影響外匯存底的增減，而央行又隱匿了大量外幣資產，並且不公開其投資標的，外匯存底的變動無法充分反映央行在外匯市場的干預情形。直接資料的不充足，導致學界難以研究央行干預匯率的效果與影響，例如央行的匯率干預行動是在什麼情況下產生、透過哪些管道干預、干預的幅度多大、對金融市場會產生怎樣的衝擊，以上種種問題，至今仍是個謎。

資料的缺乏,導致貨幣相關的研究難以進行,而央行強力反擊外界批評的態度,又進一步使得貨幣政策的相關討論頻率不高。但是,央行唯有時常接收業界與學界的反饋,在貨幣政策的制定上,才能有進步與完善的機會。

對於一般民眾來說,預測模型、每週交易金額等資訊或許太過專業,不過,就一些較基本的經濟資訊 —— 例如利率、匯率、失業率、貨幣發行量等數據的歷史資料來說,臺灣央行在資訊呈現的友善程度上,也仍有很大改善空間。

舉例來說,若我們想查詢美元與臺幣的歷史匯率變動,相較於臺灣央行網站上所公布的資料,美國聖路易斯聯邦準備銀行所架設的網站,訊息完整且容易使用得多。

在聖路易斯聯邦準備銀行的網站上,可以查到1983年10月以來,美元與臺幣每一日的匯率,呈現方式是線型圖,使用者可以自行選擇想看哪一段時間的匯率變動,也可以下載完整的每日匯率歷史資料;相比之下,臺灣央行網站的統計資料庫,匯率的詳細日資料僅溯及1993年,要查詢更早之前的資料,僅有月平均資料,對於想查詢詳細歷史資料的使用者來說,相當不便利。

理事會效率不彰

臺灣央行對外界的開放程度,跟其他民主國家相比,還有不少進步空間,而央行內部的決策過程,其實也相當缺乏資訊交流和意見溝通等機制。

世界各國央行每年皆定期召開數次會議,討論當前經濟情勢,並決議貨幣政策是否應調整,以及如何調整。

臺灣的貨幣政策的決策會議是理監事會議, 一年共開四次, 一次開會約 1.5 到 3 小時, 在頻率或是會議所花的時間上, 在世界已開發國家中排在倒數幾名。

鄰近的日本央行、南韓央行, 以及對國際金融影響較大的美國聯準會、英格蘭銀行與歐洲央行, 一年皆進行八次的貨幣政策會議。其中, 美國、日本與英國的央行會議時程, 更是長達兩日。

臺灣一年四次、一次 1.5 到 3 小時的會議, 跟各國央行比較起來, 相去甚遠。

當然, 一味的比較開會頻率與開會時間長短, 不一定公允, 畢竟每個國家的規模, 以及會議議程都不大一樣, 不過, 就會議的效率與意義來說, 臺灣央行的理事會跟各國相比, 恐怕也是敬陪末座 ── 臺灣央行的理事會缺乏深入討論, 且許多央行政策根本沒在理事會的討論之列, 例如, 匯率的波動幅度、外匯市場干預時機、外匯市場干預幅度等匯率政策之討論, 都未排入議程中。

臺灣央行理監事會議共有十五位理事、五位監事參與, 其中, 僅理事擁有貨幣政策的表決權。十五位理事中, 有央行總裁一人、央行副總裁兩人、經濟部長、財政部長, 以及十名外聘的兼任理事。

這些理事成員, 雖然來自不同背景, 對貨幣政策的看法也不大相同, 理應能對貨幣政策進行多元辯論, 減少政策制定時的盲點, 但過去幾十年來, 臺灣央行理事會缺乏深入討論, 會議可說是徒具形式, 表面上看來是理事會合議制, 其實比較接近總裁制。簡而言之, 臺灣的貨幣政策, 決策前並沒有經過有效討論。

會議時間短、政策討論難深入

臺灣央行的理監事會議, 對理事們來講, 比起「討論會議」, 可能還更像「上課場合」。

會議中, 大部分時間都是央行內部的研究單位與業務部門, 進行國內外經濟情勢、專題、業務狀況等多項報告, 偶爾還有央行內部的人事案等行政庶務需要裁決, 僅留少數時間讓理事發表意見, 最終則對是否調整政策利率 —— 重貼現率, 進行口頭投票表決。

理想的貨幣決策會議, 應是會議成員有足夠時間, 就經濟情勢與貨幣政策走向, 發表各自的看法、互相辯論, 最終凝聚成最佳共識。充分而有效的討論, 是制定出適切決策的主要前提。但是, 在央行的理監事會議, 整個開會過程中, 理事能夠暢所欲言的時間並不多, 因為理監事會議後, 央行總裁需要趕赴會後記者會, 短短的會議又被各式報告占去大半時間, 會議成員間很難形成有效討論。

會議之所以缺乏討論, 除了會議流程的安排之外, 臺灣央行的理事多是兼職而非專職, 也是影響因素。理監事會議的成員中, 除了正副總裁以及經濟、財政部長外, 其餘成員多是公營企業的董事長、研究機構所長, 或是大學教授兼任。這些理事平時的時間仍被自己的專職工作所占據, 能夠投注在研究與思考貨幣政策的時間, 難免受到限縮。除此之外, 央行給予理事們的經濟參考資料不充足, 也造成理事會上難以形成深度討論。

例如, 央行在會議中對於是否調整利率, 以及調整幅度的提案, 並沒有檢附決策所依據的經濟計量模型, 也沒有說明未來利率調整走向的預期。另外, 會議相關的資料, 一部分在開會前三天才會送達理事手上。相比之下, 聯準會開會的相關資料六天前即送到。

而其他貨幣政策決策相關參考資料以及業務局與外匯局的報告,更是在會議現場才發放。這些林林總總的資料,就算是貨幣金融專業的學者,也很難在一時全部消化並針對內容提出深刻的質疑與意見。

決策相關資訊的嚴重不足,導致理事們難以對利率決策進行有效討論。況且,在央行向來對於經濟資料公布不全的情況下,理事們就算想針對經濟狀況自行做研究,也容易遭遇資料不足的困境,因而難以加深會議上議題討論的深度。

更有甚者,理事對於現行貨幣政策提出疑問與建議後,央行也很少對這些疑問進行研究與回應。

舉例來說,根據央行 2018 年 9 月至 2019 年 9 月的理監事會議摘要來看,這四次理監事會議中,有幾名理事分別就低利率政策的長短期影響、房貸放款比例漸高,以及貨幣政策架構不明等議題,建議央行做研究與評估,不過,央行除了在 2020 年 12 月初調整不動產貸款針對性審慎措施之外,理事們的建議與意見,對於央行而言,猶如秋風過耳,會議結束後就束之高閣。

理事出席理監事會議,除了能在是否調整政策利率的決策上投下一票外,對貨幣政策的實質影響微乎其微。

政策利率、恐龍利率

除了討論時間極短、理事意見不被採納之外,央行理監事會議所進行的貨幣政策決議,究竟有多少實質意義,也得打上一個大問號。

央行理監事會議僅對政策利率 —— 重貼現率 (以及擔保放款融通利率、短期融通利率) 進行表決,然而,我們曾在第 3 章提過,在臺

灣, 重貼現率 (以及其他兩種利率) 在實務上對市場利率的影響相當有限。

重貼現率是指商業銀行向央行借款的利率, 不過, 在臺灣, 由於資金氾濫, 銀行急需資金時, 大可以跟同業調借, 金融業隔夜拆款利率, 近二十年間, 往往比央行的重貼現率低 1 個百分點以上。

重貼現率在實務上使用率不高, 央行宣布重貼現率調降或調升時, 比較像是一種貨幣政策更寬鬆或更緊縮的宣示而已。在臺灣, 較具實際影響力的利率 —— 定存利率、金融業隔夜拆款利率, 及央行定期存單利率, 在重貼現率升降之後, 通常都會進行相應的調整, 其中, 定存利率的升降, 多半是靠央行私下與公股行庫「協調」而成。

問題是, 定期存款利率、金融業隔夜拆款利率, 以及央行定期存單利率, 升降的幅度與重貼現率的升降幅度並不一致。假設理監事會議決定調降利率一碼 (0.25 個百分點), 隔天定期存單利率以及公股行庫的定存利率, 就歷史經驗看來, 通常只會降低半碼 (0.125 個百分點), 對於金融業隔夜拆款利率的影響幅度更低。不過, 2020 年 3 月, 央行理事會為因應 Covid-19 肺炎所造成的經濟衝擊, 而宣告降息一碼時, 公股行庫的一年期定存利率與央行定期存單利率也同樣降息一碼, 這才打破過去的慣例。

也就是說, 央行理事們每次開會煞有介事地投票, 表決利率水準升降, 實際上是在決定一個使用頻率不高、影響力也不固定的「恐龍利率」, 著實有些弔詭。

另一方面, 除了利率以外, 匯率也是影響臺灣經濟的重要因子, 同時也是央行貨幣政策的一環, 根據中央銀行法的規定, 理事會職

權包括有關貨幣、信用及外匯政策事項之審議及核定。但是, 在現行理事會上, 不但沒有針對匯率政策的相關表決, 理事們甚至連討論匯率政策的機會也沒有, 若想詢問央行, 官方回覆總像是壞掉的唱機一樣, 不斷複誦著「本行維持新臺幣匯率動態穩定」。

然而,「動態穩定」的涵義為何?「穩定」的匯率波動目標是多大、如何決定其幅度? 央行在外匯市場的操作應該如何因應總體經濟與金融情勢的變化? 諸如此類的重要外匯政策議題, 在理事會上從來沒有機會討論。

臺灣央行每年舉行四次的理監事會議, 美其名是要對貨幣政策進行專業討論, 實際上, 卻只是大費周章地開會, 表決一個在臺灣不常被使用的利率, 對影響臺灣甚鉅的匯率, 卻毫無決策權, 總而言之, 央行理事會對貨幣政策的影響力遠遠低於《中央銀行法》所賦予的法定職權。

研究能量有待強化

綜上所述, 臺灣央行的理監事會議, 在貨幣政策上, 既缺乏深入討論, 實際影響力也不如外界所預期。

既然理事會缺乏實際功能, 央行研究部門的研究品質便相當重要, 畢竟許多理事的決策依據, 主要來自研究部門發布的經濟情勢報告, 而理事會決策之外, 當央行自行調控重貼現率以外的各項經濟數據, 例如匯率、定存利率、定期存單利率與金融業隔夜拆款利率時, 若能參考研究部門的建議, 將對其決策有莫大幫助。

要能制定良好且適切的貨幣政策, 完善而充分的研究是個重要前提。不過, 一直以來, 央行研究部門距離「完善而充分」還頗

遙遠。

臺灣央行轄下雖有經濟研究部門,但跟多數國家的央行研究部門相比,臺灣央行的研究產出,無論在品質或數量上,仍有很大進步空間。

長期以來,外界均讚譽央行的研究水準非常高,然而央行相當高比重的「研究」(像是理事會後的參考資料等),其實是摘要整理自各國央行與研究機構的研究論文與報告,真正由央行研究人員自行研究的比例不高。

舉例來說,本書提到央行的低利率以及盈餘繳庫政策,對經濟可能造成不良的影響,央行應該審慎評估,不過,截至目前,央行研究處仍沒有任何一篇研究,是在探討低利率政策或盈餘繳庫政策的長期經濟影響。

由表7.1可以看出,2013年至2017年,臺灣央行每年具有學術價值的研究文獻產出,平均只有七件。相比之下,無論是鄰近的日、韓,或人均 GDP 比臺灣還低的葡萄牙、智利、土耳其等國,每年央行總產出的研究論文 (working paper),皆在臺灣的二到四倍左右。

央行研究部門的規模並不算小,總共有75名研究人員,其中 1/5 具有博士學歷,但可專心從事長期研究的人力相當有限。究其原因,這些研究人員的時間常被諸多雜事占用,包括整理摘要各研究機構的研究論文與報告、準備會議資料、反駁學界與媒體的質疑、以及各種臨時交辦事項等。而且歷年來與國內外學術界的往來極為有限,缺乏來自外部的刺激與切磋,以致未能完全發揮總體與貨幣經濟研究的功能。相較之下,各國央行如美國聯準會,歐洲央行,英格蘭銀行,智利中央銀行,澳洲儲備銀行,紐西蘭儲備銀行,荷蘭

表 7.1: 2013–17年央行平均每年研究論文產出

國家	人均 GDP	產出數量
日本	38,440	27
南韓	29,891	31
臺灣	24,577	7
葡萄牙	21,161	17
捷克	20,152	15
智利	15,070	20
波蘭	13,823	26
土耳其	10,512	29
巴西	9,895	32
墨西哥	9,304	24

臺灣央行研究論文數量係指優良著作申請篇數。其他各國央行的研究係指其網站上所列之工作論文 (working paper)。

中央銀行, 瑞士國家銀行, 新加坡金融管理局等, 都會邀請國內外著名的貨幣金融學者, 到這些機構從事數個月到一年不等的長短期研究訪問。

　　長期以來缺少對於臺灣經濟與貨幣政策的研究, 容易導致央行在做決策時, 沒有足夠的資訊來判斷, 特定貨幣政策是否應持續執行或做調整, 此外, 更可能忽略貨幣政策所帶來的長期影響, 等到問題逐漸超出控制, 屆時就要花費更大的資源與努力來導正。

　　臺灣長期低利率所引發的房價高漲即是一例。利率若只調低兩、三年, 對房價所造成的影響或許不會太劇烈, 因為人們還不會預期低利率是長久的事, 想購屋者, 會先行衡量利率調高後自己是否能負擔較高的房貸利息, 房價的漲幅, 也會在利率調高後趨緩。

　　但是, 當臺灣的利率水準已低迷二十年, 房價沒有機會依據利率高低做修正, 全臺房價翻了兩、三倍, 「利率幾乎不漲、房價幾乎不跌」已成為臺灣經濟的常態, 央行此時若貿然提高利率, 很可能導致房價大幅下跌、引發金融恐慌並波及經濟其他部門。究竟該調整貨幣政策降低房價、減少房價帶來的社會影響, 還是該任由低利率政策讓房價維持在高檔, 讓央行陷入兩難的局面。[3]

　　總而言之, 央行應善用本身的研究能量, 力圖拓展其研究能力, 承擔大規模經濟調查的責任。這方面可以參考美國聯準會的做法: 聯準會對於許多貨幣金融和總體經濟相關的議題, 經常性地進行大規模調查並發布報告。舉例來說, 消費者財務調查就是聯準會所做的重要調查之一。

　　根據這項調查, 政府和大眾可以瞭解美國家庭財務狀況的變化, 據此推論美國家庭持有財富的變化、財富不均度變化及其可能的原因等。而這份調查資料也可幫助研究人員進行多項的研究, 包括儲蓄、投資、債務變化、退休保障以及金融市場等議題。聯準會網站也同時列出這些相關研究的論文。這些調查報告不僅有助於經濟學者的研究, 更有助於央行貨幣政策的擬定和實施。

---

　　[3]除了提升利率外, 央行還可以採取總體審慎措施來抑制房價, 例如降低貸款成數 (LTV Ratio, 房價中可貸款負擔的比例), 或限制負債所得比 (DTI ratio, 根據收入決定可以貸款的額度)。臺灣央行在1989, 2010 以及 2020 年曾採取這類措施, 然而, 只要低利率的環境持續存在, 總體審慎政策仍然難以扭轉房價上漲的預期心理。央行應該研究與比較, 透過利率或是貸款成數上限的調整 (或是兩者同時調整), 對房價以及金融體系可能造成的影響, 不過這方面的相關研究仍相當缺乏。

政策架構清楚明白, 有助維持市場穩定

除了上文提及的資訊不公開、決策過程問題重重外, 臺灣央行在貨幣政策施行面上, 透明度也很低。我們除了無從得知央行做了什麼, 央行對於自己政策會怎麼做, 也說得相當不清楚。

各國央行在貨幣政策的施行上, 所依據的是「貨幣政策架構」(monetary policy framework), 也就是執行貨幣政策的策略, 央行會將此架構公諸於大眾, 內容詳列央行決定以什麼金融指標做為貨幣政策操作目標、使用什麼貨幣工具、以及期望達成的效果等等。

例如, 美國的貨幣政策架構, 是公布聯邦基金利率目標, 並透過買賣短期政府公債, 來影響隔夜拆款利率; 日本近年透過超級量化寬鬆, 期望達到2%的通膨目標; 新加坡則是緊盯匯率。

提高貨幣政策的目標以及施行模式的透明度, 有助於增加市場穩定性, 因為唯有如此, 社會大眾對於央行的行動才能夠有所預期。舉例來說, 近幾十年來, 許多央行的貨幣政策模式, 是設定「通貨膨脹目標」(inflation targeting), 亦即央行根據經濟體的通貨膨脹率, 來做出相應的行動。

目前各國的通貨膨脹率目標大多訂在每年2%, 當經濟體的通貨膨脹率高於2%時, 央行會採取緊縮的貨幣政策, 透過調高利率, 藉以減少貨幣的流通程度; 當通膨率低於2%時, 央行則會採取寬鬆的貨幣政策, 如調低利率或甚至施行量化寬鬆政策, 刺激經濟活動使通膨率上調。

若央行公布此種貨幣政策模式, 並長期達成訂立的目標, 則大眾將相信央行會信守承諾、將通膨率維持在2%, 民眾能藉由預期的通膨率調整工資與售價, 央行在控制通膨率上也能事半功倍。

許多跨國研究顯示, 貨幣政策較透明的國家, 通貨膨脹率也較為穩定, 對於長期的經濟發展有所助益。[4]

2008年金融海嘯發生時, 許多國家的央行發現傳統的貨幣政策工具, 無法提供足夠的流動性以維持市場穩定, 而開始實施量化寬鬆等以往少見的操作手法。在此背景之下, 央行與社會大眾的溝通便更顯重要, 投資人若對央行後續的行動與目標有所預期, 就能夠減少恐慌、維繫金融市場的穩定性。

「幾乎不存在」的臺灣貨幣政策架構

臺灣現行的貨幣政策架構, 與國外央行相比, 透明度仍有待加強, 尤其是2020年開始採取「彈性的貨幣目標化機制」後, 可說是「幾乎沒有」貨幣政策架構。

自1990年代初期至2019年, 臺灣央行採行的貨幣政策架構是「貨幣目標化機制」, 也就是每年訂定 M2 貨幣供給的成長區間, 然而隨著金融創新帶來環境變化, 且政策實行上易產生矛盾, M2 成長目標區間逐漸失去實質功能, 2019年12月, 央行正式放棄將 M2 成長目標區間做為主要的貨幣政策目標, 原本的成長目標區間變成「參考區間」, 但其他一切照舊, 而沒有訂立新的貨幣政策目標。

由於 M2 成長目標區間已喪失實際功能多年, 且世界上僅剩不到五個國家的央行依然採用它做為主要的貨幣政策目標, 我們贊

---

[4] 通膨目標機制在全球金融海嘯後受到諸多批評, 認為這項機制只重視物價穩定, 卻忽視金融穩定。大部分採取通膨目標機制的央行, 也紛紛回應這個挑戰, 補強其不足之處, 一般稱修正後的架構為彈性通膨目標機制。因此, 大致上通膨目標機制仍屹立不搖, 仍然是許多央行遵循的貨幣政策架構, 主因之一就是這項機制備受推崇的高透明度與可究責性。

成將其重要性降格。然而, 降格 M2 成長目標區間的功用性之後, 臺灣的貨幣政策架構究竟是什麼?

臺灣央行曾在 2020 年 3 月, 於央行網站上公布「貨幣政策簡介」, 試圖介紹臺灣廢除貨幣目標機制後, 所依循的貨幣政策架構。然而, 說明內文卻缺漏許多資訊, 以至這個「後貨幣目標化機制」的全貌仍模糊不清。

舉例來說, 央行的簡介內, 說明央行會透過多種貨幣工具影響市場的短期與中長期利率, 且盡力維持臺幣匯率之穩定, 然而, 匯率操作的方法與策略是什麼? 是透過利率影響匯率、或是實際參與匯市干預匯率? 央行皆沒有明說。

另外, 央行宣稱, 除了 M2 外, 也採用多樣化的參考指標, 並強調「彈性」的重要性。但是, 這些指標之間的優先順序、彼此的取捨與抵換關係為何? 每個目標可於多大範圍內保持彈性? 過分強調所謂的「彈性」, 反而顯得央行實行貨幣政策時, 並沒有明確策略與目標, 更讓民眾在擬定經濟決策時無所適從, 也無法在央行未達到其預定目標時給予究責。

臺灣央行目前的貨幣政策架構, 對外界來說依然似霧裡看花, 使市場難以形成正確的預期。

貨幣目標化機制取消了, 然後呢?

總而言之, 臺灣央行過去實行的「貨幣目標化機制」, 是每年訂定 M2 貨幣供給 (經濟體中現金、活期存款、定期存款與外匯存款的貨幣總量) 的成長區間 (例如 3%–7%), 期望依據經濟成長狀況決定最適切的貨幣供給量, 以免造成通貨膨脹或通貨不足的窘境。在

設定的 M2 貨幣供給成長目標下, 央行會以重貼現率等三種政策利率的調整來達到 M2 成長率的目標, 進而得以調節經濟狀況。

貨幣成長目標機制, 雖然在四十年前一度是各國央行的主流貨幣政策架構, 但後來飽受批評, 如今已被世界上大多央行放棄實行。主要的原因是, 當金融體系日漸複雜, 加上金融創新與管制鬆綁, 非銀行金融機構以及新的金融工具盛行, 貨幣數量 (主要由銀行部門的負債構成) 再也不易反映整體金融部門脈動的全貌, 並且與重要的總體經濟變數 (像是通膨率與經濟成長率) 脫節。

另一個原因是, 貨幣成長目標機制實施上易產生矛盾。例如當經濟展望下滑時, 根據經濟模型預測, 理論上經濟體的貨幣需求會減少, 因此 M2 貨幣成長目標也該向下調整; 然而, 這麼做卻容易被外界質疑, 央行在經濟前景不佳的情況下, 還落井下石、實施緊縮的貨幣政策。

為了避免外界批評, 臺灣央行自 2009 年起, 將 M2 貨幣成長目標固定在 2.5% 至 6.5% 的區間, 不再隨著經濟情況上下變動, 但是如此下來, M2 貨幣成長目標的功能其實已經失去實際上的意義。然而, 取而代之的貨幣政策架構是什麼, 臺灣央行到現在依然說不清楚, 也講不明白。

8

總結與改革芻議

美國前聯準會主席葛林斯潘在 2006 年卸任時, 曾被譽為「史上最偉大的央行總裁」, 不過, 在他卸任後的兩年不到, 美國次貸風暴便引發了全球金融海嘯。

金融海嘯發生後, 輿論開始檢討葛林斯潘任內的功與過, 主要的一個討論是: 央行是否應關注資產價格? 傳統上, 央行的主要任務僅僅是穩定一般消費商品的物價變動, 對於股市與房價的漲跌, 雖然會留心, 但不是主要的關注對象。葛林斯潘在任內雖然穩定了一般商品的物價, 卻沒有特意管控房地產的價格起伏, 間接導致次貸風暴與金融海嘯的發生。

金融海嘯發生時的聯準會主席是柏南克, 在金融海嘯發生期間, 柏南克當機立斷進行量化寬鬆, 為金融體系注入大量流動性, 減緩了金融海嘯的衝擊。柏南克量化寬鬆政策的靈感, 來自於他對於 1930 年代大蕭條的研究, 他根據學術界對大蕭條的過往文獻探討, 認為大蕭條發生的主要原因之一, 是央行沒有即時施行足夠寬鬆的貨幣政策, 以舒緩金融機構的流動性危機。

不過, 柏南克的貨幣政策也留下了若干後遺症。

2020 年初, 全球爆發 Covid-19 疫情, 隨著疫情擴散, 各國經濟

狀況受到嚴重影響,美國聯準會在短短兩個月內,將利率從1.5%下降到0-0.25%;日本銀行對公司債的購買總量計畫成長至疫情前的四倍;歐洲央行則準備了1.35兆的基金,預計購買歐元區各國公債與公司債;臺灣央行也將政策利率調降了0.25個百分點,來到了史上最低。

在這過程中,各國央行的行動稱得上是迅速果決。不過,經濟學家隨即發現,眼下常用的貨幣政策工具,不足以應付當前的經濟危機。

主要原因有二,一來,此次危機是由疫情所引起,而非像金融海嘯是金融市場拖累整體經濟,僅靠央行行動難以讓消費力回升;二來,則是因為現有貨幣政策工具的使用已近極限,所發揮的效果不如從前來得好。

經濟學家們開始討論,未來該如何調整央行的貨幣政策。目前為止,學界主要分成「負利率」、「支援財政支出」以及「加強貨幣寬鬆」三種意見,至今仍在辯論與嘗試,尚未得出結論。

彭淮南時代之檢討

對於貨幣政策的制定,各國央行都仍在邊做邊學。學術研究的進展,有助於人們檢討過去政策的得失、對貨幣政策運作的機制更加瞭解、並對未來提出建議,讓央行在未來能發展出更好的貨幣政策;而央行留存並公布詳細的貨幣政策相關數據與資料,則是政策討論的必要基礎。

另一方面,雖然央行官員都會為自己的政策辯護,不過,貨幣政

策應當受到公眾評價, 央行唯有保持公開透明, 我們方能從過去的錯誤中學習與改進, 並依據歷史資料檢討決策者的得失。

本書的主軸, 是在分析與檢討臺灣的貨幣政策, 而臺灣現今的經濟環境, 很大一部分是由前任央行總裁彭淮南的政策所塑造。

彭淮南的任期橫跨 1998 至 2018 共二十年, 在他任內最具標誌性的, 當數阻升新臺幣, 與低利率政策的貨幣政策, 以及隨之而來的鉅額盈餘繳庫。

阻升新臺幣、極低利率與盈餘繳庫

從外匯存底的陡升、外匯市場「拉尾盤」的行動、學術研究分析乃至新聞媒體的報導中, 可看見央行阻止新臺幣升值之決心。美元兌台幣 1:30 的匯率, 多年來被稱為「彭淮南防線」, 央行在外匯市場動作頻頻, 全力捍衛新臺幣以避免升值過多。

阻止新臺幣升值, 有助於出口商在出口價格上保持競爭力, 而出口產業是臺灣重要的經濟動力之一, 央行此舉或許在過去對臺灣經濟成長曾有助益; 不過, 央行阻止新臺幣升值, 等於是讓新臺幣偏離了市場應有的價格, 多少也帶來了一些負面影響。

首當其衝的, 是喜愛購買進口產品、出國旅遊以及投資海外金融資產的國民; 另外, 有鑒於近年製造業全球精細分工, 央行的阻升政策, 對需要進口外國原物料以及外國機械的出口廠商來說, 也不一定是好事, 反而墊高了他們的成本, 甚至阻礙臺灣廠商的產業升級。

彭淮南時代貨幣政策的另一個特色, 是鉅額盈餘繳庫。央行自 2004 年起, 每年皆負擔臺灣政府超過 1,500 億的財政收入, 表面上

看似減輕民眾的財稅負擔,實際上卻扭曲了臺灣的貨幣政策,讓央行在制定貨幣政策時,除了要考量對經濟的最優解外,還需考慮是否能維持盈餘繳庫。

　　臺灣近二十多年的極低利率即是一例。利率的高低,會影響央行針對定期存單以及金融機構轉存款所需支付的利息,為了減少這些支出,央行極有動機讓臺灣利率維持在低檔。臺灣的低利率環境,也與臺灣央行的新臺幣阻升政策有關,壓低利率有助於減少資金流入臺灣,甚至鼓勵臺灣資金流往海外投資。

　　低利率的環境,讓臺灣企業能以較低的代價借到金錢進行投資,卻也促成了房地產價格高漲、殭屍企業盛行等現象,實際上對臺灣經濟與社會的長遠發展造成若干損害。

制度缺乏開放性與透明度

彭淮南時代,央行另一個為人所批評的,是央行封閉,而且決策缺乏透明度。

　　央行2020年3月才公諸於大眾的鉅額換匯交易即是一例。除了外匯存底外,央行過往竟然隱藏了價值1,400億美元的外幣資產,其中,近1,000億美元的換匯交易更是沒有記錄在資產負債表上頭。

　　央行此舉隱藏了外匯存底的增幅,進而隱匿其干預匯率的行為。財務報表揭露不實,在企業界尚為人所詬病,更何況央行身為政府機關,對全民負有責任,此一隱匿資訊的行為更應避免。

　　除了財務報表缺乏透明度外,央行在貨幣政策相關資訊的揭露上,也仍有進步空間。

舉例而言，央行長期以來皆拒絕提供其干預匯率的歷史資料；而央行的政策利率：重貼現率，由於甚少被實際使用，象徵意義大於實質意義，而其他更有實質意義的利率 —— 例如隔拆利率、定期存單利率等等，與重貼現率的關聯是什麼，央行也沒有正式說明。

在面對外界的種種批評時，央行時常反覆搬出一套立場強硬的說詞，選擇性引用對自己有利的研究，不做全面性探討，抗拒與外界針對貨幣政策多加討論。至於央行內部理監事會議進行貨幣政策討論時，會議流程的設計也不鼓勵理事們進行深入討論。[1]

央行在理事會引進外部理事成員，原本的立意就是希望透過多元的組成，以及不同的意見與思考，交互辯論，藉以提升貨幣政策的決策品質。

央行理事透過論文與專書的著述、公開演講、接受媒體訪問，或是投書媒體等方式，闡述自己的觀點，讓社會大眾能夠更為瞭解貨幣政策制定的內容，以及貨幣政策背後的考量，是民主國家的常態，這些都有助於央行決策的公開、透明與理性討論。

早期央行的理事如林鐘雄、陳博志、梁發進、管中閔、吳聰敏及溫英幹等人，都曾多次接受媒體訪問，說明自己對貨幣政策的看法。然而，隨著這些勇於發言的理事一一因各種理由離開理事會後，媒體似乎再也聽不到來自理事對於貨幣政策的看法，多元的聲音漸漸趨於一元，也漸漸在輿論中出現「一言堂」的質疑。

---

[1] 現任央行總裁楊金龍於 2018 年上任後，雖然許多慣例承襲彭淮南，不過漸漸地開始有一些轉變。舉例而言，根據某位金融業者的敘述，面對外界質疑時，彭淮南時常第一時間親上火線開記者會嚴正反擊，楊金龍反擊的頻率相對而言低上許多，「少了至少八成」；至於央行理監事會議中，在因應理事們的要求下，揭露的資訊也較過往來得豐富。

2020年央行現任副總裁陳南光透過媒體投書與公開演講, 闡述他對於穩定臺灣房地產價格之看法, 竟被已經退休多年的前總裁彭淮南批評為「扯後腿」。這樣的言論不僅暴露出, 這位前總裁不懂得尊重多元意見, 也讓我們體會到, 何以媒體輿論對於彭淮南時代的央行會有「一言堂」的看法。

此外, 如同我們前面所提到的, 央行理事透過參加研討會或公開演講, 向外界溝通他們對貨幣政策的看法, 為的是讓民眾瞭解政策是如何制定出來, 以及要達到什麼樣的效果, 這就是一種提高央行透明度的做法。而這種溝通是對大眾負責的一種表現, 也就是讓民眾在獲得充分的資訊後可以對政策制定者問責。前總裁的言論似乎也反映出他不瞭解央行提高透明度的做法, 以及為何應維持高透明度的理由與重要性。

以所得水準來說, 臺灣是高所得的先進國家, 但就央行的各項制度來說, 臺灣卻像低度開發國家一樣, 央行不公開、不透明、不容質疑、故步自封、無法理性討論, 缺乏民主國家政府機構應有的最低要求。

改革建議

本書之目的是要點出, 央行近二十年來的貨幣政策, 對臺灣的經濟與社會帶來了哪些問題, 而這些問題若要獲得改善, 追根究底還是得先改正央行內部決策過程和制度的缺陷。

以下, 是我們針對臺灣央行, 所提出的三大改革建議: 第一, 要增強央行獨立性、檢視盈餘繳庫政策。其次, 要加強央行透明度與

可究責性。最後, 要改革貨幣政策決策流程。

增強央行獨立性、檢視盈餘繳庫政策

首先, 我們認為央行應增強獨立性, 並重新檢視盈餘繳庫政策是否應持續進行。

央行獨立性是指央行的決策考量, 不應受到政治利益或私人商業利益的影響。一般央行是在維持物價穩定、促進成長的目標下制定一國的貨幣政策, 當貨幣政策目標確定後, 獨立性能保護央行在執行過程中, 不受行政部門和民意機關的干擾。

政府不能因為稅收不足而強迫央行多發行貨幣, 導致通貨膨脹幅度年年超過預定目標; 總統也不能為了讓經濟數字好看一些, 而要求央行施行較寬鬆的貨幣政策, 讓經濟環境的長久穩定破功。

美國聯準會理事的任期長達十四年, 而且任期期間錯開, 為的也是保障聯準會成員, 既不會被任意撤換, 也不會完全由單一總統所任命。

相較之下, 臺灣央行的獨立性還有許多進步空間, 舉例來說, 經濟部長與財政部長, 長久以來皆是央行理事會的當然成員, 這明顯違反央行的獨立性。央行平時當然可以和財政部長及經濟部長溝通並交換意見, 但若政府官員出現在決議貨幣政策的理事會上, 這意味著在有特殊需要時 (例如特定業者向經濟部長對於匯率政策有所「請託」, 或是財政部長面臨政府財政拮据時), 中央政府官員可左右央行的貨幣政策決策。

更有甚者, 長久看來, 臺灣央行的獨立性其實是逐漸下降的。

　　1979年,央行從隸屬總統府改為隸屬行政院,意味著央行的獨立性降低,需要參與行政院的會議,且須定期至立法院會做報告,可能會受到各種明示與暗示,被要求配合行政部門或立法部門調整貨幣政策。

　　2010年《行政院組織法》修法之後,自2012年起,央行的預算編列與財務結算,都視同一般國營事業,須經行政院與立法院各委員會的審查,因此央行盈餘貢獻國庫的金額成為其營運績效的指標之一。

　　臺灣央行被要求每年進行巨額的盈餘繳庫,可說是臺灣央行獨立性長期以來被削弱的一大實例。

盈餘繳庫妨害央行正常運營

央行的主要職責,應是維持經濟與金融環境的穩定,但當「賺錢資助國家財政」也成為央行的職責之一,央行在施行貨幣政策時,多少會綁手綁腳,受到盈餘繳庫的限制,而無法全力專注在穩定經濟的目標上。舉例來說,臺灣央行之所以長年維持低利率政策,而不完全依照景氣狀況提升利率,原因之一,可能就是為了壓低央行的營運成本,方便達到盈餘繳庫的目標。

　　近二十年來,央行連年擔負資助國庫的大任,久而久之,似乎與中央政府形成某種程度的「唇齒相依」。

　　中央政府仰賴央行對國庫的貢獻,降低了財稅結構改革的動機。在政治上,中央政府也難免對央行總裁禮遇,對於央行不透明而封閉的行為睜一隻眼閉一隻眼。央行為了達成盈餘繳庫的目標,

則需要放棄部分獨立性, 調整貨幣政策, 讓每年進帳的盈餘足夠上繳國庫。

對一般民眾來說, 由於盈餘繳庫分擔了部分稅負, 每個人每年需要繳的稅款總額, 或許表面上看來少了一些, 實際上, 我們卻是在生活中的其他部分「補繳」了回來: 消失的定存利息, 以及出國旅遊或海外投資時需要拿更多新臺幣兌換外幣, 皆構成「盈餘繳庫稅」, 畢竟盈餘繳庫需要倚靠低利率及壓低匯率方能達成。

盈餘繳庫所減少的名目稅收, 與民眾在生活上需要付出的額外代價相比, 孰輕孰重? 在所得重分配上的影響為何? 低利率與壓低匯率的貨幣政策, 是否值得繼續維持?

這都有待央行深入研究, 並對現有政策進行審視。

我們認為, 政府應重新審視中央銀行的定位, 使其具備獨立的預算權, 並得以擺脫盈餘繳庫的績效壓力, 藉此提升央行的獨立性, 減少行政機構與立法機關對央行貨幣政策的種種明示與暗示, 讓央行能專心在穩定經濟與金融環境的本職。至於政府官員是否應繼續保留在理事會中、參與貨幣政策的決策, 也值得思考與檢討。

不過, 增強央行的獨立性, 也可能削弱外界對於央行的監督力度與效果, 造成行政部門與民意機關皆難以轉變央行的決策。

民主政治的精髓在於權力互相制衡, 當央行掌握印鈔大權, 又不被其他機關所管轄, 難免會受到外界質疑, 我們要如何確定, 央行的施政真的公平、正確而無弊端?

英國央行的前任副總裁塔克 (Paul Tucker) 強調, 由於央行擁有獨立不受政治影響的地位, 當人民將權力委託與授權給獨立的中央銀行, 透明化 (transparency) 與可究責性 (accountability) 就

是很重要的制衡力量。

臺灣央行當前的透明度與可究責性, 尚有很大進步空間, 我們認為, 這也是改革央行制度的要點。

加強透明度與可究責性

央行政策的可究責性, 是指央行應對人民有所交代, 公布自己的所作所為, 讓民眾知道自己所交付的權力, 是否被央行妥善運用。

透明度是央行可被究責的前提。央行的政策必須透明: 央行所執行的每項政策的政策目標、操作策略與思考邏輯, 都要讓大眾清楚知道。在目標、策略與邏輯都透明下, 人們可以藉由研究與公開的討論, 瞭解並追究央行可能的政策缺失。

一如美國聯準會前理事主席柏南克所言:[2]

「一般而言, 我認為公開透明相當重要。我在之前已經討論過中央銀行保持獨立自主的重要性, 而透明度與獨立性息息相關。如果中央銀行具有獨立自主, 並制定攸關一般大眾的政策, 則社會大眾必須可以對央行問責。

社會大眾有權利瞭解央行做了什麼, 央行為何要這麼做, 以及央行做決策時所根據的基礎是什麼。因此, 基於民主社會的可究責性, 我認為中央銀行保持公開透明至為重要。我持續透過以下的公開場合, 包括參與聽證會, 發表演講, 出席市民大會 (town hall

---

[2] 參見 Bernanke (2013)。

meetings) 或類似此次會議, 以及主持記者會等, 不厭其煩地說明聯準會做了些什麼, 以及為何要那樣做。

　　至於堅持公開透明的另一個理由是, 隨著時間演進, 人們逐漸瞭解, 在大多數的情況下, 公開透明有助於貨幣政策發揮更好的效果。舉例來說, 如果聯準會對外溝通其未來的行動, 將資訊傳達給市場, 而市場將能夠對於利率形塑正確的預期, 將使聯準會的政策能夠更為有力地影響經濟體系。因此, 溝通與揭露資訊也有助於減少市場不確定性, 增強貨幣政策在金融市場的影響力。」

前述的英國央行前副總裁塔克亦曾提出, 央行有五大公開透明的方向:

- 央行應有明確的政策任務目標及權力限制, 亦即立法部門應對央行有清楚的法律規範

- 央行應公開政策決策成員及其決策程序, 讓外界清楚政策決定的細節

- 央行應有明確的政策執行架構, 使社會大眾能詳知其貨幣政策計畫

- 央行應加強透明度與可究責性, 以及

- 面對未來, 央行應有危機處理程序與究責機制。

以上幾點, 皆是臺灣央行目前還可以加強的方向。

　　央行資訊的不公開，造成外界想針對臺灣貨幣政策進行研究時，需要克服重重阻礙。央行應開放資訊，讓臺灣貨幣政策的相關研究能更臻完善。

　　另外，央行目前的財務報表揭露不完全、疑點重重、且缺乏監督，應該依照國際會計準則進行編製，並仿照美國、英國等多國央行，交由國際會計師事務所進行查核，讓外界能進行監督，使公開透明的陽光照進央行。

貨幣政策架構應更清晰

在政策執行架構上，尤其還有不少釐清空間。臺灣央行貨幣政策的執行架構在「後貨幣目標化機制」之下是什麼？央行其實從未清楚說明，外界僅能從各種蛛絲馬跡推測。

　　在美國，聯準會是透過控制市場上最短期、也使用最頻繁的利率——隔夜拆款利率，來影響公債利率、公司債利率、房貸等利率的走向，這些利率相較於隔夜拆款利率，多半有著相對穩定的變動幅度。[3] 相對的，在臺灣，理監事會議之後，央行雖會宣布重貼現率的升降幅度，但國內一年期定存利率、金融業隔夜拆款利率等較常

---

　　[3] 正常來說，長天期債券的利率會比短天期債券高，公司債、房貸的利率也會比政府公債來得高，不過，有時一些特定事件或經濟環境會打破這種定律。舉例來說，美國長期公債的殖利率雖然平常比短天期公債的殖利率高，維持一個相對固定的差額，但當突發事件發生、市場風險增高時，資金可能湧入長天期公債以求避險，導致長天期公債的殖利率突然下降。2019 年 8 月，因為中美貿易戰的不確定性增高，資金湧入美國 10 年期公債，導致 10 年期公債的殖利率甚至比 3 月期國庫券的殖利率低；2020 年 3 月，由於 Covid-19 疫情，10 年期公債的殖利率也突然暴跌。

用的利率, 與重貼現率的相對變動幅度卻不固定, 投資人想知道利率水準的變動, 僅能全靠猜測。

匯率政策方面, 雖然大眾長久以來皆知道央行會出手干預匯率, 央行也承認其有「穩定幣值」的行為, 但央行干預的力度如何、干預的標準與時機為何、臺幣匯率在央行心目中的理想水準又是多少, 央行從未對外明確說明、進行揭露。

近二十年, 新臺幣的匯率走勢相對穩定, 不過, 央行卻也沒有明講匯率是否會長久維持在特定區間。此舉會導致進出口廠商與投資者, 不確定是否應針對台幣匯率進行避險: 若不避險, 就是在賭央行會持續干預匯率, 若避險了, 卻又擔心平白浪費了避險費用。

央行施行貨幣政策而不講明白, 容易造成民眾不必要的疑惑, 也讓金融市場投資人難以做出準確的判斷。既然央行的一大法定職責, 是促進金融穩定, 央行應增加其貨幣政策的透明度, 強化臺灣金融市場的穩定。

貨幣政策決策流程改革

最後, 我們認為貨幣政策的決策流程必須大幅改革。

臺灣目前的貨幣政策會議, 是央行理監事會議, 如我們在上一章所提, 仍有許多改善空間。臺灣的理監事會議僅一年四次、一次1.5–3個小時, 頻率與時長皆落後於許多先進國家的央行, 應予以增加。

至於貨幣政策應由誰參與, 也是改革的重點。理監事會議的參與成員, 有央行理事以及央行監事。理事的職責, 是制定貨幣政策;

至於監事的職責，則是監理央行的帳目、決算與資產負債表，實際上與制定貨幣政策並無關聯。

現行制度下，短短的理監事會議時程，大部分時間均被報告案占用之下，還有部分時間會被行政相關業務占用（如預算及決算之審議，以及人事任免之核定等），實在無法針對貨幣、信用及外匯政策事項進行有效而深入的討論。

另一方面，根據瞭解，在過去的理監事會議中，還有不明就裡的央行監事對貨幣政策表示意見，沒有意識到監事的法定職責與貨幣政策並無關係，也不具同意或反對的投票權。

我們認為，央行理事應該單獨開會，進行貨幣政策會議，畢竟僅有理事有資格對貨幣政策做出決議；一個可行的做法是，維持目前的理監事會議，會議中僅討論需要理事與監事共同同意的央行行政業務，至於央行理事應另行定期召開貨幣政策會議，全心專注在貨幣政策之討論與決策。

除此之外，世界上影響力最大的幾個央行 —— 歐洲央行、美國聯準會、日本央行以及英國央行，貨幣政策會議的成員皆是專任。

我們認為，臺灣央行的理事也應是專任職，並且應當各自擁有自己的研究團隊，如此一來，貨幣政策會議的組成更專業化，能有效強化理事與貨幣政策會議的諮詢與決策功能，建立權責相符的決策模式，才能對當前的金融與經濟環境進行深入探討，讓貨幣政策的討論更具意義。

增強研究能量及品質

另外，央行的研究部門也應進行改革，更加深入探討央行貨幣政策

對於臺灣經濟與金融的影響，以改善貨幣政策的決策品質。

央行應重新調整經濟研究處的人力配置與組織架構，盡量減少臨時交辦等雜務，以創造更優質的研究環境。一個做法是參酌日本央行的金融研究所 (IMES) 與南韓央行的經濟研究所 (ERI) 兩者的做法，將研究部門獨立，以擺脫公務機關的拘絆。

日本央行的研究部門 —— 金融研究所擁有相當的獨立性，甚至連部門建築都獨立於日本央行之外。根據其內部的研究人員指出，日本央行幾乎不干涉其研究，研究部門也可以自訂不同於公務機關的考評與升遷標準，經費運用上也更為彈性，有助於提升研究的中立性及品質。

在此同時，央行應積極擴增研究人員編制，並主動與國內外學界及研究機構交流與合作，以掌握最新的研究趨勢與分析方法，提升經濟研究處的研究能量及品質 —— 當然，這一切的前提是，央行要能夠以更開闊的心胸面對外界的意見與批評，如此才能激勵貨幣政策的廣泛討論。

貨幣政策架構明確化

隨著經濟與金融環境不斷變化，各國央行多少會面臨調整貨幣政策目標、嘗試新的貨幣政策工具，或重新思考貨幣政策架構。

我國央行在 2019 年底決定，不再以 M2 貨幣成長區間做為主要的貨幣政策目標，宣稱將進行「彈性貨幣目標化機制」，但這個新的貨幣政策架構不僅面貌模糊，甚至可能引來更多懸而未決的問題。至此，我們如同進入一個未知的領域。

　　我們在上文曾建議,央行應全盤思考整體的貨幣政策架構,清楚地提出臺灣央行未來應遵守的貨幣政策目標以及執行策略。

　　但要能提出完善的貨幣政策架構,央行首先應透過研究部門釐清,過去制定的貨幣政策在實行後,究竟對各項金融指標造成什麼樣的影響。M2、利率、與匯率之間的關係,三者是如何互相影響,它們的操作策略應如何協調 —— 以上種種問題,必須有扎實的研究才能釐清。央行唯有透過研究支撐,才能說服自己與社會大眾。

央行改革有賴立法部門推動

央行固然要謹慎行事,但是前瞻性與勇於變革也不可或缺,除了定期檢視自身的貨幣政策架構及工具的有效性外,有必要時,也需引入新的政策工具,或者重新設計貨幣政策架構。國際經濟與金融局勢不斷改變,央行必須持續投入研究並與外界公開討論及對話,方能做出最佳決策。

　　央行有許多不完善之處尚待改革,不過,改革很難從央行內部主動發起,且這也不僅僅是央行總裁一人的責任,立法部門應正視央行提升透明度與獨立性的必要,透過在央行法中增訂條文,提高獨立性,敦促央行完善現有制度。

　　美國聯準會的開放透明始於1994年,契機是來自國會的壓力,起初葛林斯潘內心也滿是不情願,但在這之後,葛林斯潘慢慢發現開放透明帶來的壞處不多、好處卻不少,於是聯準會的透明化程度愈來愈高(參見 Spencer, Huston, and Hsie, 2013)。

　　我們期盼,央行能改革現有制度,立法部門與社會大眾也能加

緊監督, 讓臺灣近二十年來因為貨幣政策所積累的眾多問題, 逐漸得到改善。

補充說明

本書出版後, 獲得讀者廣大的回響, 我們感激大家的鼓勵與指教。也有不少讀者對於書中的論點提出質疑, 我們補充說明如下。

1. **本書只談央行政策的代價, 卻未討論央行政策帶來的正面影響, 是否有失偏頗?**

   關於央行政策的正面影響, 過去在央行的各種官方文件中已經有相當詳盡地說明, 廣為人知, 本書不贅述。從媒體上各種對本書的評論中, 對於央行的卓著功勳, 娓娓道來, 如數家珍, 可見一斑。

   本書開宗明義, 就是想討論二十年來央行政策所可能帶來的若干問題。如果大家都知道慢跑為健康帶來好處, 那麼一本討論慢跑可能帶來壞處 (如傷害膝蓋等) 的書籍, 就不必細數慢跑為健康帶來的好處。

2. **根據議事錄摘要, 從未看到你們反對阻升的匯率政策, 這是否代表你們不在理事會上陳述想法, 只在外面放炮?**

   關於這點, 我們也相當無奈。首先, 本書的重點是討論 1998-2010 年間, 長期阻升新臺幣的可能影響, 事實上作者之一在 2018 年進入理事會後, 發現央行對於外匯市場的干預並不如 2010 年之前那麼嚴重, 原因可能是當時正逢美國 FED 進入快速升息階段, 外資撤離, 新臺幣貶值的力量較大。即便如

此, 他在理事會中曾針對外匯政策、外匯存底之管理, 以及外匯資產資訊揭露等議題都提出疑問與建議, 但是, 議事錄摘要從不摘出該理事這部分的發言。再者, 最近從 2020 年 10 月後央行又開始大幅干預外匯市場以阻止新臺幣升值, 當其他理事支持阻升時, 該理事亦在 2020 年 12 月 17 日第 20 屆理事會第 4 次理監事聯席會議有如下的發言:

> 「昨日美國財政部公布的匯率報告, 該報告引用一個研究, 表示新臺幣匯率低估達 21%。央行雖常宣稱匯率政策係匯率穩定政策, 但外界的解讀往往為匯率貶值政策。舉例而言, 1990–1997 年新臺幣平均匯率為 26.8, 平均經濟成長率為 6.9%; 在 1998–2010 年間 (即市場解讀臺灣採取匯率貶值政策期間), 平均匯率為 32.8, 但平均經濟成長率僅 4.61%。若剔除 2001–2002 年、2008–2010 年經濟衰退幅度較大的期間, 則平均成長率亦僅 5.8%, 顯示新臺幣匯率升值至 26 左右時, 亦未對經濟造成很大的影響。當然, 以上係基於粗略的比較, 期待經研處針對此方面多做一些相關研究, 一方面提供理事會參考, 另一方面亦可讓社會大眾瞭解, 毋須對新臺幣升值過度擔心。」

但是以上的發言也沒有被摘入「議事錄摘要」。「議事錄摘要」係央行經過篩選與過濾後公布, 但篩選的原則是什麼並不清楚。該理事之前在理事會曾有多次提案, 但提案說明卻在「議

事錄摘要」內也不見蹤影，社會大眾也無從了解提案緣由。最近的理事會之中，有一位理事提案，該理事在會中明確要求將提案說明列入「議事錄摘要」，但這非常基本的請求仍被拒絕。

3. 既然身為現任理事，為何不在理事會表達意見，反而選擇出書批評央行？

這個問題可以從兩個層面來回答。首先，這本書的目的是在回顧臺灣過去 20 年來的貨幣政策之概貌與影響。了解過去，有助於我們思考未來貨幣政策之走向。而檢討過去政策的表現，我們才能進而提出央行制度和貨幣政策改革的建議。

其次，批評央行不是我們的目的。央行是現代經濟裡不可或缺的機構，我們希望本書能讓民眾了解，臺灣的央行如何運作，及它造成的影響為何。在央行理事會裡發言，無法達成以上目標。

4. 低利率不一定造成房價上漲，以日本為例，日本自 1999 年 2 月起，就施行「零利率政策」，2016 年 1 月甚至開始推動負利率。20 多年日本的房地產並沒有飆漲，這現象該如何解釋？

這是一個好問題。其實有關利率與房價的關係有兩個層面的問題。第一個問題是，低利率會不會造成高房價，第二個問題是，觀察到的高房價，有多少比例是低利率造成的？

第一個問題比較簡單，根據目前新近的結構性自我向量迴歸模型實證研究顯示，低利率導致高房價幾乎已經是實證上的

共識 (參見本書第73頁, 註腳 4)。如果簡單估計一個常用的總體結構性自我向量迴歸模型 (Kilian and Lütkepohl, 2017), 再利用透過衝擊反應函數分析檢視日本資料 (1980–2018) 也會看到這樣的結果。

第二個問題就複雜一些, 畢竟影響房價的因素很多, 除了利率, 還有所得、稅賦、通膨預期、人口結構、對未來房價預期等。或許低利率造成的房價上漲幅度會被其他因素造成的房價下跌所抵銷, 而日本或許就是這樣一個例子。利用一個初步估計的結構性自我向量迴歸模型, 以解釋力來看, 利率占的比例不大, 約 8% 左右。若以同樣的計量方法分析臺灣資料 (1991–2020), 可以看出低利率確實會導致高房價 (圖 8.1), 而利率對房價的解釋比率則高達 42%。

當然, 這裡呈現的只是初步的結果, 不同的模型也可能會得到不完全相同的結果。但是透過這個例子, 我們也可以看出經濟研究對於政策討論的重要性。唯有經由嚴謹的分析, 我們才能釐清變數之間的互動關係。

央行在過去對此問題的態度向來是強調「低利率與房價並無必然關連性」(2014年 2 月 24 日「國際間對房價、利率、審慎政策的相關看法」)。該報告引用 IMF (2009) 的內容, 主要是討論全球金融海嘯前, 各國房價上漲的原因。但同時期也有不少研究發現金融海嘯前各國的低利率政策是造成房價高漲主因之一 (如 Taylor (2007), Taylor (2009), Jarocinski and Smets (2008), 與 Williams (2015))。

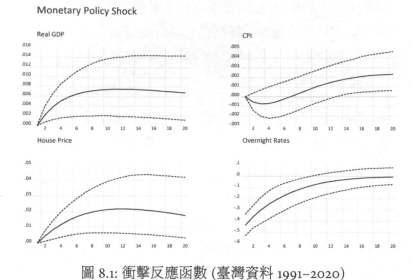

圖 8.1: 衝擊反應函數 (臺灣資料 1991–2020)

事實上, 央行的「低利率與房價並無必然關連性」這基調, 最近幾年悄悄轉變為「影響房價的可能因素眾多, 利率僅為其中一項。」(2019年6月20日「央行理監事會後記者會參考資料」。) 基本上, 這個說法比較接近事實, 我們在書中所持的觀點也是如此, 認為利率是影響房價的重要因素, 而非一些媒體上的評論所扭曲, 將房價上漲完全歸諸低利率。如同書中所言, 學術研究對此問題的意見, 部分研究認為沒有絕對關連, 但多數、尤其是晚近的文獻 (書中擇要援引十幾篇論文, 參見本書第73頁, 註腳4) 多發現, 以跨國長期的資料來看, 低利率確實會造成房價上漲。最後也是最重要的, 即便低利率只是高房價的原因之一, 也不代表我們可以因此就完全忽

視利率對房價的影響。

5. 如果低利率導致高房價, 那麼要抑制高房價, 你們是否主張應採提高利率的政策?

如果低利率導致高房價, 那麼要抑制高房價, 提高利率是否是唯一的方法? 由於大幅提高利率, 影響所及, 不只是房市; 因此完全靠提高利率抑制高房價, 可行性不高, 這已經是常識, 我們在書中也沒有如此主張。但這並不表示我們可以忽略長期低利率對房價上漲的影響。各國的經驗顯示, 總體審慎措施 (像是貸款成數上限) 是比較可行的方案。但如我們書中所提, 過去央行實施總體審慎措施 (如信用管制) 時, 從未明確說明採取這些措施的考量。即使如此, 許多評論者仍一再將我們的分析扭曲簡化成「低利率與高房價有關, 就表示作者主張要採大幅提高利率抑制房價」, 這讓我們無言以對。我們希望他們有空的話, 再讀一遍。

6. 有人對於陳副總裁認為「央行應是一個介於政府機構與研究單位的綜合體」的想法值得商榷, 如果要把央行定位在「介於政府機構和研究單位的綜合體」, 試問央行究竟應以實務為先, 抑或是以研究為重?

我們不能代替陳副總裁發言, 不過我們猜測陳副總裁的意思是, 央行應該是一個具有強大研究能量的政府機構, 研究的目的是為了提供實務操作上堅實的後盾。若研究幕僚對於各項貨幣政策議題都能在不受限制, 以開放的心態進行研究, 則研究成果自然能提供政策制定者有更多的政策選項與決

策依據, 藉以提升決策品質。況且, 觀諸其他國家, 尤其是先進國家, 許多央行內均配置強大的研究團隊, 且行之多年, 從未有「央行究竟應以實務為先, 抑或是以研究為重」的問題。即使南韓央行也以日本為師, 成立一個獨立的研究部門 — Economic Research Institute, 作為央行決策的後盾。

7. 如果要批評過去的是非, 應該就當下臺灣經濟有沒有因為貨幣政策的影響而導致經濟衰退為角度進行評論, 你們的看法如何?

臺灣目前是以外貿為主的小型開放經濟體, 經濟衰退的來源大多是因為主要貿易對手國或是全球經濟不景氣所造成, 與貨幣政策關連不大。因此, 央行大力推動貨幣政策來對抗景氣衰退, 恐怕是事倍功半。本書所要探討的是, 這些政策長期以來可能造成的房價高漲, 產業升級不力, 與人才外流等問題。

8. 有人認為, 彭淮南時期, 歷經 1997 年亞洲金融風暴以及 2008 年全球金融海嘯, 央行的妥善因應讓臺灣經濟、金融體系都能穩住陣腳, 你們如何看待此說法?

金融危機的處理是短期的政策因應, 但是本書則是專注在央行制度與長期的經濟發展, 自然對於短期政策因應沒有著墨。事實上, 這也凸顯了本書的寫作目的: 我們無意於評論特定人的功過是非, 我們只是想討論在該段期間, 央行貨幣政策之樣貌與影響而已。

9. 有人認為這本書是「央行理事會成員,聯手檢討前總裁彭淮南政策」的奇特現象。你們怎麼看?

我想這可能是大家還沒從往日的一言堂陰影走出來,還不熟悉央行理事透過參加研討會,公開演講,接受訪問,撰寫文章書籍,向外界溝通他們對貨幣政策的看法,為的是讓民眾瞭解政策是如何制定出來,以及要達到什麼樣的效果,就是一種提高央行透明度的做法。另外,請見上面第2點的回答。

10. 書上似乎沒有提出實證研究和理論依據來論證「長期壓低新臺幣匯率,導致產業升級不力的後果」? 此外,這項陳述如果要成立,該如何解釋台積電為何能不斷升級?

我們在書中 (第4章,第105–107頁) 盡可能地以實證研究與經濟理論作為論述依據。根據跨國實證研究 (Chen, 2017a),平均而言,匯率低估會造成一國的 R&D 支出減少,而 R&D 支出減少,根據經濟理論就會造成產業升級不力,據此我們合理推論臺灣匯率低估可能是造成產業升級不力的原因之一。在經濟研究的論述上,講求探討平均表現而非特例,我們的論述當然是以平均表現為主,至於特殊個案當然值得探究,但是不會影響我們對整體平均表現的詮釋與判斷。

11. 有匿名央行官員在媒體上對於陳副總裁為你們寫推薦序多所批評,你們怎麼看待此事?

央行官員對記者夸夸而談,批評陳副總裁,卻又不敢具名,這或許也體現央行確實亟需改革。在央行的廟堂之上,一位具名作序,一位匿名批評,其間曲直,自有公評。

12. 可否說說你們期待讀者如何看待這本書的重點?

    目前的報導與評論只著重書中討論過去的政策, 但是我們書中最後二章展望未來與制度改革部分才是本書的重點。我們衷心希望大家能夠把注意力放在最後兩章。

參考文獻

Bernanke, Ben S (2010), "Rebalancing the Global Recovery," *Sixth European Central Bank Central Banking Conference, Frankfurt, Germany.*

—— (2013), *The Federal Reserve and the Financial Crisis*, 1st ed., Princeton University Press, ISBN: 9780691165578.

Bordo, Michael D. and John Landon-Lane (2013), "Does Expansionary Monetary Policy Cause Asset Price Booms? Some Historical and Empirical Evidence," *Journal Economía Chilena*, 16(2), 4–52.

—— (2014), "What Explains House Price Booms? History and Empirical Evidence," in *Macroeconomic Analysis and International Finance*, chap. 1, 1–36.

Bynum, William (2012), *A Little History of Science*, Yale University Press, ISBN: 9780300136593.

Chen, Nan-Kuang, Judith Liu, and Hung-Jen Wang (2013), "Budgetary Requirement and the Central Bank's Monetary and Exchange Rate Policies: The Case of Taiwan," working paper.

Chen, Shiu-Sheng (2017a), "Exchange Rate Undervaluation and R&D Activities," *Journal of International Money and Finance*, (72), 148–160.

—— (2017b), "Exchange rate undervaluation and R&D activity," *Journal of International Money and Finance*, 72, 148–160.

Cooper, Daniel H., Maria Jose Luengo-Prado, and Giovanni P. Olivei (Nov. 2016), *Monetary policy and regional house-price appreciation*, Working Papers 16-18, Federal Reserve Bank of Boston.

Dokko, Jane, Brian M. Doyle, Michael T. Kiley, Jinill Kim, Shane Sherlund, Jae Sim, and Skander Van Den Heuvel (2011), "Monetary policy and the global housing bubble," *Economic Policy*, 26(66), 237–287.

IMF (2009), "Lessons for Monetary Policy from Asset Price Fluctuations," in *World Economic Outlook*, IMF, chap. 3, 93–120.

Iossifov, Plamen K, Martin Cihak, and Amar Shanghavi (2008), *Interest Rate Elasticity of Residential Housing Prices*, tech. rep., IMF Working Papers, 08/247, International Monetary Fund.

Jarocinski, Marek and Frank R. Smets (2008), "House Prices and the Stance of Monetary Policy," *Federal Reserve Bank of St. Louis Review*, 90(4), 339–366.

Jorda, Oscar, Moritz Schularick, and Alan M. Taylor (2015), "Betting the house," *Journal of International Economics*, 96(S1), S2–S18.

参考文獻

Kilian, Lutz and Helmut Lütkepohl (2017), *Structural Vector Autoregressive Analysis*, Themes in Modern Econometrics, Cambridge University Press.

Kuttner, Kenneth (2013), "Low Interest Rates and Housing Bubbles: Still No Smoking Gun," in *The Role of Central Banks in Financial Stability How Has It Changed?* World Scientific Publishing Co. Pte. Ltd., chap. 8, 159–185.

Luciani, Matteo (2015), "Monetary Policy and the Housing Market: A Structural Factor Analysis," *Journal of Applied Econometrics*, 30(2), 199–218.

McDonald, John and Houston Stokes (2015), "Monetary Policy, Fiscal Policy, and the Housing Bubble," *Modern Economy*, 6, 165–178.

McDonald, John F. and Houston H. Stokes (Apr. 2013), "Monetary Policy and the Housing Bubble," *The Journal of Real Estate Finance and Economics*, 46(3), 437–451.

Nocera, Andrea and Moreno Roma (2018), "House Prices and Monetary Policy in the Euro Area: Evidence from Structural VARs," URL: https://ssrn.com/abstract=3256380.

Rodrik, Dani (2008), "The Real Exchange Rate and Economic Growth," *Brookings Papers on Economic Activity*, 39, 365–439.

Sá, Filipa, Pascal Towbin, and Tomasz Wieladek (2011), *Low Interest Rates and Housing Booms: The Role of Capital Inflows, Monetary Policy and Financial Innovation*, tech. rep., Working Paper, Federal Reserve Bank of Dallas.

Shi, Song, Jyh-Bang Jou, and David Tripe (2014), "Can Interest Rates Really Control House Prices? Effectiveness and Implications for Macroprudential Policy.," *Journal of Banking and Finance*, 47, 15–28.

Smiley, G. (1983), "Recent Unemployment Rate Estimates for the 1920s and 1930s," *Journal of Economic History*, 43(2), 487–493.

Spencer, Roger W., John H. Huston, and Erika G. Hsie (2013), "The Evolution of Federal Reserve Transparency Under Greenspan and Bernanke," *Eastern Economic Journal*, 39(4), 530–546.

Taylor, John (2015), *A Monetary Policy for the Future*, Opening Remarks, IMF conference on "Rethinking Macro Policy III, Progress or Confusion?"

Taylor, John B. (2007), "Housing and monetary policy," *Proceedings - Economic Policy Symposium - Jackson Hole*, 463–476.

——— (2009), "The Financial Crisis and the Policy Responses: An Empirical Analysis of What Went Wrong," *Critical Review*, 21(2-3), 341–364.

參考文獻

Williams, John C. (2015), "Measuring monetary policy's effect on house prices," *FRBSF Economic Letter*.

Yu, Qiao, Hanwen Fan, and Xun Wu (July 2015), *Global Saving Glut, Monetary Policy, and Housing Bubble: Further Evidence*, tech. rep., The Brookings Institution.

吳致寧, 李慶男, 張志揚, 林依伶, 陳佩玗, 與林雅淇 (2011), "再論台灣非線性利率法則,"《經濟論文》, 39(3), 307–338。

吳致寧, 黃惠君, 汪建南, 與吳若瑋 (2012), "再探台灣匯率制度,"《經濟論文叢刊》, 40(2), 261–288。

吳若瑋與吳致寧 (2013), "台灣利率法則之估計 —— 即時資料 vs. 修正資料,"《經濟論文》, 42(1), 31–78。

吳聰敏與高櫻芬 (1991), "台灣貨幣與物價長期關係之研究: 1907 年至 1986 年,"《經濟論文叢刊》, 19(1), 23–71。

林依伶, 張志揚, 與陳佩玗 (2012), "台灣利率法則之實證研究 —— 考慮匯率變動之不對稱性效果,"《中央銀行季刊》, 34(1), 39–62。

林依伶與楊子霆 (2018), "經濟成長、薪資停滯? 初探台灣實質薪資與勞動生產力成長脫鉤之成因,"《經濟論文》, 46(2), 263–322。

林馨怡與陳彥凱 (2018), "影響台灣投資因素之探討 —— 兼論貨幣政策的角色,"《中央銀行季刊》, 40(4), 19–50。

姚睿, 朱俊虹, 與吳俊毅 (2010), "臺灣泰勒法則估計之資料訊息問題,"《臺灣經濟預測與政策》, 41(1), 85–119。

柯秀欣 (2018), "台灣央行外匯市場干預對台美匯率之影響 —— 媒體資料之應用,"《經濟論文叢刊》, 46(2), 297–322。

張興華 (2013), "從央行干預新聞分析台灣央行外匯市場干預與台幣匯率之關係,"《證券市場發展季刊》, 25(3), 95–122。

連賢明, 曾中信, 楊子霆, 韓幸紋, 與羅光達 (2020), "臺灣財富分配 2004–2014: 以個人財產登錄資料推估"《經濟論文叢刊》, 已接受刊登。

陳旭昇 (2016), "央行「阻升不阻貶」? —— 再探台灣匯率不對稱干預政策,"《經濟論文叢刊》, 44(2), 187–213。

——— (2019), "台灣匯率貶值政策之探討,"《經濟論文叢刊》, 47(1), 41–74。

——— (2020), "新台幣匯率與貿易條件惡化,"《經濟論文叢刊》, (即將刊登)。

參考文獻

陳旭昇與吳聰敏 (2008), "台灣匯率制度初探,"《經濟論文叢刊》, 36(2), 147–182。

———— (2010), "台灣貨幣政策法則之檢視,"《經濟論文》, 38(1), 33–59。

章節細目

All Voices from the Island

島嶼湧現的聲音